高等职业教育财会类专业系列规划教材

主编◎黄 绿 张 娜

NASHUI QUANZHEN SHIWU

纳税全真实务

重庆大学出版社

内 容 提 要

本书分为6大模块,分别是税务登记管理、发票管理、增值税一般纳税人纳税实务、增值税小规模纳税人纳税实务、个人所得税纳税实务、企业所得税纳税实务。每一个模块下选取若干个典型企业的纳税业务分任务实训,一个任务就是一个企业典型的纳税工作。在企业类型上,本书覆盖了工业企业、现代服务业、建筑业、房地产业、个体工商户5大常见经济组织形式;在税种上,本书涵盖了增值税、个人所得税、企业所得税、城市维护建设税、教育费附加、地方教育费附加、土地增值税、印花税等常见税种;在内容上,本书围绕典型工作任务,把会计账务处理、纳税申报、缴纳税款3个环节有机地联系起来。

本书可作为高职教育财会类专业的学生教材,亦可作为企业纳税人员、会计人员的培训用书。

为达到最佳的学习效果,需要将任务资料、表格、凭证等裁剪下来分角色按程序完成任务。本书为完成任务提供了详细指引,但为了充分发挥学习者学习的积极性、主动性、能动性,培养独立解决问题的职业素养,要求学习者在完成任务时自主查阅和学习相关资料。

图书在版编目(CIP)数据

纳税全真实务/黄绿,张娜主编. — 重庆:重庆
大学出版社,2017.9
高等职业教育财会类专业系列规划教材
ISBN 978-7-5689-0689-0

Ⅰ. ①纳… Ⅱ. ①黄… ②张… Ⅲ. ①纳税—税收管理—中国—高等职业教育—教材 Ⅳ. ①F812.423

中国版本图书馆 CIP 数据核字(2017)第 180828 号

高等职业教育财会类专业系列规划教材
纳税全真实务
主 编 黄 绿 张 娜
责任编辑:沈 静 版式设计:沈 静
责任校对:邹 忌 责任印制:赵 晟

*

重庆大学出版社出版发行
出版人:易树平
社址:重庆市沙坪坝区大学城西路 21 号
邮编:401331
电话:(023) 88617190 88617185(中小学)
传真:(023) 88617186 88617166
网址:http://www.cqup.com.cn
邮箱:fxk@ cqup.com.cn(营销中心)
全国新华书店经销
重庆巍承印务有限公司印刷

*

开本:787mm×1092mm 1/16 印张:24 字数:540千
2017 年 9 月第 1 版 2017 年 9 月第 1 次印刷
印数:1—2 000
ISBN 978-7-5689-0689-0 定价:49.00元

前 言 PREFACE

立足"学以致用""校企无缝对接"的理念,编者根据多年的工作经验,选取了中小企业常见的纳税业务进行全真模拟实训。实训任务以经济业务为单位,将同一个业务所涉及的多个税种同时进行实训,其目的是使学生通过实训,能够完整地理解业务、处理业务并树立系统性思维,如支付个人劳务同时涉及增值税、教育费附加、地方教育费附加和个人所得税。在本书中,将会在同一个业务中完成全部税种的申报和会计处理。纳税申报是纳税业务的核心,但不是全部的会计业务。本书业务以纳税申报为核心,辅以出纳的缴税和会计的账务处理,形成完整的会计工作链条。通过实训,学生能够全面地理解和把握会计工作。完成本书的全部任务后,学生能够独立地完成企业常见的纳税业务。

本书具有以下几个特点:

一是真实性。本书选用的业务单据和业务类型全部来源于企业实务,是在企业实务的基础上加工和改编而成。实训用的纳税申报表格来源于税务局发布的最新版本,本书直接参考官方发布的相关税收法规。本书为学员营造了全真的企业工作环境,是对"学用一体"的最好阐释。

二是前沿性。本书紧扣最新的政策规定,按照税务局、工商局的最新要求安排实训任务。例如,"营改增"、"简易注销程序"、"三证合一"、小规模纳税人、国税地税联合申报等都是 2016 年和 2017 年的最新政策,是"无缝对接"的最佳体现。

三是系统性。本书把企业一项业务涉及的全部税种综合为一个任务。同时,把会计工作、出纳工作和纳税工作有机联系形成完整的工作过程,目的是培养"学用"一体、具有系统性工作思维和工作能力的高素质会计人才。

本书的编写工作分工如下:

黄绿负责编写模块 3、模块 4、模块 5、模块 6 和模块 7,张娜负责编写模块 1 和模块 2。感谢中山市金德通会计服务有限公司吴晓媚女士为模块 3 提供了参考资料。

由于本书编写时间紧张,加之作者教学任务繁重,书中存有的不当之处,敬请读者批评指正。

编 者
2017 年 6 月

目 录 CONTENTS

模块1 税务登记管理

1.知识背景

税务登记是税务机关对纳税人的生产、经营活动进行登记并据此对纳税人实施税务管理的一种法定制度。税务登记又称纳税登记,它是税务机关对纳税人实施税收管理的首要环节和基础工作,是征纳双方法律关系成立的依据和证明,也是纳税人必须依法履行的义务。

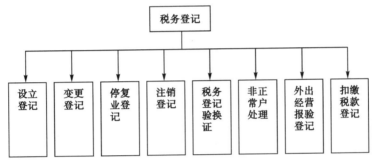

其中,停复业登记程序只适用于定期定额征收的纳税人。

2.任务目标

(1)掌握税务登记管理的规定。

(2)掌握办理设立税务登记、税种登记、变更登记和注销登记的流程。

(3)掌握企业、税务局、工商局和银行之间的业务关系。

(4)培养自主学习的能力,增强独立解决问题的能力。

(5)培养团队合作精神,提升人际沟通交往能力。

3.任务角色

办税员、工商人员、税管员、银行工作人员、出纳、会计、财务主管、法定代表人。

任务1　设立登记

1.1.1　任务资料

1) 企业信息

2015 年 9 月,陈雨泽和林美丽各出资人民币 1 500 万元准备设立中山市雨泽服装有限公司。地址:中山市沙溪镇隆都路 6 号;电话:0760-88993377;主营业务:生产、销售女式服装,提供服装设计和培训服务。以下是他们的资料:

（1）公司股东（发起人）出资信息

如表 1.1 所示。

表 1.1　公司股东（发起人）出资信息

股东(发起人)名称或姓名	证件名称及号码	认缴			持股比例(%)	实缴			备注
		出资额(万元)	出资方式	出资时间		出资额(万元)	出资方式	出资时间	
陈雨泽	身份证 442000197308021527	1 500	货币	一次性	50%	1 500	货币	2012.07.13	
林美丽	身份证 442000197309043426	1 500	货币	一次性	50%	1 500	货币	2012.07.13	

（2）房屋产权证

如图 1.1 所示。

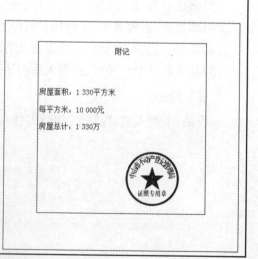

图 1.1　房屋产权证

（3）公司章程

如图1.2所示。

中山市雨泽服装有限责任公司章程
（设执行董事、不设监事会）

第一章　总　则

第一条　为规范公司的组织和行为，根据《中华人民共和国公司法》（以下简称《公司法》）和有关法律、行政法规以及规范性文件的规定，制定本章程。

……

第四条　公司名称为：中山市雨泽服装有限责任公司。

第五条　公司住所：中山市沙溪镇隆都路6号；邮政编码：528400。

第六条　公司经营范围：生产、销售女式服装，提供服装设计和培训服务（依法须经批准的项目，经相关部门批准后方可开展经营活动）。

……

第八条　公司注册资本为人民币3 000万元。

……

第十条　公司股东共2个，分别是：

1.姓名：陈雨泽，身份证号码442000197308021527，住所：中山市五桂山十鼓21号。

2.姓名：林美丽，身份证号码442000197309043426，住所：中山市南朗镇翠亨村5路50号。

……

第十五条　股东的出资额、出资时间和出资方式：

1.股东姓名：陈雨泽，认缴出资1 500万元，在2015年9月18日前缴足。其中，以货币出资170万元，以不动产作价出资1 330万元。

第1页

2.股东姓名：林美丽，认缴出资1 500万元，在2015年9月18日前缴足。其中，以货币出资1 500万元。

……

第二十八条　公司法定代表人由执行董事担任。

……

第四十条　公司设执行董事1人，对公司股东会负责，由股东会选举产生。

第四十一条　执行董事每届任期3年。执行董事任期届满，连选可以连任。

……

第四十三条　公司设经理，由执行董事聘任或者解聘。

……

第五十三条　公司应当在下一会计年度开始之后前5个月内将公司财务会计报告送交各股东。

第六十五条　本章程于2016年9月17日订立。

……

第四十四条　公司设监事1人，监事由股东会选举产生。

第四十五条　监事每届任期3年。监事任期届满，连选可以连任。

……

股东签名、盖章　陈雨泽
　　　　　　　　　林美丽

图1.2　公司章程

（4）法定代表人、经理、监事任职书

如图 1.3 所示。

中山市雨泽服装有限公司
法定代表人、经理、监事任职书

根据《公司法》和本公司章程的有关规定，经本公司股东会表决通过：
选举　陈雨泽　担任公司执行董事（法定代表人）兼经理，任期 3 年。
选举　林美丽　担任公司监事，任期 3 年。

股东签名　*陈雨泽*
林美丽
2015 年 9 月 17 日

图 1.3　法定代表人、经理、监事任职书

（5）股东身份证

如图 1.4 和图 1.5 所示。

姓　名　陈雨泽
性　别　男　　民族　汉
出　生　1973 年 08 月 02 日
住　址　中山市五桂山十鼓 21 号
公民身份证号码　442000197308021527

图 1.4　身份证

姓　名　林美丽
性　别　女　　民族　汉
出　生　1973 年 09 月 04 日
住　址　中山市南朗镇翠亨村 5 路 50 号
公民身份证号码　442000197309043426

图 1.5　身份证

（6）人员信息表

如表 1.2 所示。

表 1.2　人员信息表

部　门	职　位	姓　名	身份证号码
总经办	总经理	陈雨泽	442000197308021527
总经办	总经理助理	肖小月	442000198407021212
财务部	财务经理(负责人)	林家辉	442000197510162827
财务部	会计	黄玉茹	442000198711123678
财务部	办税员	张欣仪	442000198310023535
财务部	出纳	苏绮滨	442000198812062791

2) 设立登记要求

有限责任公司设立登记需提交的资料:

①《公司登记(备案)申请书》。

②《指定代表或者共同委托代理人授权委托书》。

③全体股东签署的公司章程。

④股东的主体资格证明或者自然人身份证件复印件。

⑤董事、监事和经理的任职文件(股东会决议由股东签署,董事会决议由公司董事签字)及身份证件复印件。

⑥法定代表人任职文件(股东会决议由股东签署,董事会决议由公司董事签字)及身份证件复印件。

⑦住所使用证明。

⑧办理了名称预先核准的,提交《名称预先核准通知书》。

⑨法律、行政法规和国务院决定规定设立有限责任公司必须报经批准的,提交有关的批准文件或者许可证件复印件。

⑩公司申请登记的经营范围中有法律、行政法规和国务院决定规定必须在登记前报经批准的项目,提交有关批准文件或者许可证件的复印件。

3) 设立登记流程

自 2015 年 9 月 1 日起,广东省全面实施"三证合一"登记制度改革,实行"一照一码"登记模式。由工商行政管理部门(市场监督管理部门)核发加载法人和其他组织统一社会信用代码的营业执照,企业的组织机构代码证和税务登记证不再发放。税务登记和工商登记一起完成。设立登记流程如图 1.6 所示。

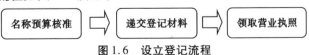

图 1.6　设立登记流程

1.1.2 任务书

1)任务列表

如表1.3所示。

表1.3 任务列表

子任务		任务描述	任务指导
(一)	名称预先核准	1.2015年9月办税员填写《名称预先核准申请书》《指定代表或者共同委托代理人授权委托书》。 2.工商局发放《名称预先核准通知书》。	1.办理税务登记前,必须先进行名称预先核准。 2.办理名称预先核准应由投资人亲自办理。投资人不能亲自办理的,应当签发授权委托书。
(二)	提交登记材料	1.办税员提交资料。 2.工商局审批,发放营业执照。	1.按照工商注册登记的要求提交材料,"三证合一"后,税务登记和工商登记合二为一,不需要再单独进行税务登记。 2.纳税人领取营业执照后,还应完成以下事项才能正式营业: (1)到保安公司刻章:公章、财务专用章、发票专用章和法定代表人名章。 (2)到银行开立基本存款账户。 (3)到税务局办理税种登记,签订电子缴纳税款的"税库银协议"。

2)任务表格

《名称预先核准申请书》《企业名称预先核准通知书》《企业名称核准通知书领取签收单》各1份,《公司登记(备案)申请书》及附表7份,《指定代表或者共同委托代理人授权委托书》2份,如表1.4~表1.15所示,《营业执照》1份,如图1.7所示。

表1.4 名称预先核准申请书

注:请仔细阅读本申请书《填写说明》,按要求填写。

□名称预先核准(名称变更预先核准)		
申请名称		
原企业、企业集团、农民专业合作社信息	注:已设立企业、企业集团、农民专业合作社申请名称变更预先核准填写本栏。	
	原名称	
	注册号(集团登记证号)/统一社会信用代码	
备选名称	1.	
	2.	
	3.	

□**名称预先核准（名称变更预先核准）**	
住所 （经营场所）	_____省_____市_____县(市/区)_____镇（乡/街道） _____路(村/社区)_____

注册资本(金) 或出资总额	币种：_____ 数额：_____万元	企业类型	

经营范围 （业务范围）	

投资人 或设立人 （隶属企业）	名称或姓名	证照名称及号码

□**企业集团冠省名或市名申请**		

母公司与子公司注册资本（金）总和	币种：_____ 数额：_____万元

集团成员		企业名称	证照号码	注册资本（金）
	母公司			_____万元
	子公司			_____万元
	子公司			_____万元
	子公司			_____万元
	子公司			_____万元

□**已预先核准名称项目调整（投资人、设立人除外）**		

已核准名称		通知书文号	
拟调整项目	原申请内容	拟调整内容	

续表

□已预先核准名称延期申请			
已核准名称		通知书文号	
原有效期		有效期延至	_____年___月___日

登记机关审查意见(仅限于申请冠省名或市名)

经初审,该企业(企业集团、农民专业合作社)拟在我局登记,提交申请材料齐全,所填内容符合法定形式,拟同意其名称(变更)预先核准:

□ 同意其使用名称:_____。

□ 同意其名称由 _____变更为:

_____。

请予核准。

(登记机关印章)

年　　月　　日

表 1.5　指定代表或者共同委托代理人授权委托书

指定代表或者共同委托代理人授权委托书					
具体经办人 姓名		身份证件 号码		联系电话	
授权期限	自　　年　　月　　日至　　年　　月　　日				

授权权限:1.□ 同意　　□ 不同意核对登记材料中的复印件并签署核对意见。

　　　　　2.□ 同意　　□ 不同意修改有关表格的填写错误。

　　　　　3.□ 同意　　□ 不同意领取《企业名称预先核准通知书》。

(指定代表或委托代理人、具体经办人身份证件复印件粘贴处)

申请人 签字或盖章		
		年　　月　　日

表 1.6　企业名称预先核准通知书

（　　）名称预核外字〔2016〕第 1 号

　　根据《企业名称登记管理规定》《企业名称登记管理实施办法》有关规定,同意预先核准下列_____个投资人出资,注册资本(金)_____万元(币种),住所设在_____的企业名称为:_____。

行业及行业代码:_____
投资人信息:

姓名	证照号码

　　以上预先核准的企业名称保留期至　　　　年　　　月　　　日。在保留期内,企业名称不得用于经营活动,不得转让。

核准日期:_____年____月____日

注:1. 预先核准的企业名称有效期从核准之日起计算。通知书规定的有效期满未到企业登记机关完成设立登记的,自动失效。有正当理由,需要延长预先核准名称有效期的,申请人应在有效期满前 1 个月内申请延期。有效期延长时间不超过 6 个月。

2. 名称预先核准时不审查投资人资格和企业设立条件,投资人资格和企业设立条件在企业登记时审查。申请人不得以企业名称已核为由抗辩企业登记机关对投资人资格和企业设立条件的审查。企业登记机关也不得以企业名称已核为由不予审查就准予企业登记。

3. 企业设立登记时,申请人应当将此通知书提交企业登记机关。企业登记机关应将本通知书归入企业登记档案。企业登记机关应当在核准企业设立登记之日起 30 日内,通过国家工商总局企业登记网上注册申请业务系统进行企业名称登记备案。

表1.7　企业名称核准通知书领取签收单

企业名称		
通知书核准文号		
指定代表或委托代理人或经办人信息	证件种类	
	证件号码	
	移动电话	
另行委托领取人信息	证件种类	
	证件号码	
	移动电话	
领取人签字： 　　　　　　　　　　　　　　　　　　　　　　　　年　　月　　日		

注:企业名称核准通知书应当由指定代表或者共同委托代理人持本人有效身份证件领取。指定代表或者共同委托代理人发生变化,或者因故不能领取的,可以由申请人或者指定代表或者共同委托代理人另行委托他人持本人有效证件领取。另行委托需另行填写《指定代表或者共同委托代理人授权委托书》(可从国家工商行政管理总局网站"表格下载"栏目下载)。指定代表或者共同委托代理人另行委托的,在"委托书"的"申请人签字或盖章"处签字。

表1.8　公司登记(备案)申请书

注:请仔细阅读本申请书《填写说明》,按要求填写。

□基本信息				
名　称				
名称预先核准文号/ 注册号/ 统一社会信用代码				
住　所	_____省_____市_____县(市/区)_____镇(乡/街道) _____路(村/社区)_____			
生产经营地	_____省_____市_____县(市/区)_____镇(乡/街道) _____路(村/社区)_____			
联系电话		邮政编码		
□设立				
法定代表人姓名		职　务	□董事长　□执行董事　□经理	
注册资本	_____万元	公司类型		

续表

□设立			
设立方式 （股份公司填写）	□发起设立　　　□募集设立		
经营范围			
营业期限	□＿＿＿＿年　　　□长期	申请执照副本数量	＿＿＿个

股东 （发起人）	名称或姓名	证照名称及号码	备注

□变更		
变更项目	原登记内容	申请变更登记内容

□备案			
分公司	备案事项	□增设分公司　　　□注销分公司　　　□分公司变更名称	
	名　　称		注册号/统一 社会信用代码
	登记机关		登记日期
清算组	成　　员		
	负 责 人		联系电话

□备案	
其　他	□ 董事　　□ 监事　　□ 经理　　□ 联络员　　□ 财务负责人 □ 章程　　□ 章程修正案

□ 申请人声明
本公司依照《公司法》《公司登记管理条例》相关规定申请登记、备案,提交材料真实有效。通过联络员登录企业信用信息公示系统向登记机关报送,向社会公示的企业信息为本企业提供、发布的信息,信息真实、有效。 　法定代表人签字: 　　　　　　　　　　　　　　　　　　　　　　　　　　公司盖章 　或清算组负责人(仅限清算组备案)签字: 　　　　　　　　　　　　　　　　　　　　　　　年　　月　　日

表 1.9　附表 1

法定代表人信息

姓　　名		固定电话	
移动电话		电子邮箱	
身份证件类型		身份证件号码	
(身份证件复印件粘贴处)			
拟任法定代表人签字: 　　　　　　　　　　　　　　　　　　　　　　年　　月　　日			

表 1.10　附表 2

董事、监事、经理信息

姓名_____职务_____身份证件类型_____身份证件号码_____

（身份证件复印件粘贴处）

姓名_____职务_____身份证件类型_____身份证件号码_____

（身份证件复印件粘贴处）

姓名_____职务_____身份证件类型_____身份证件号码_____

（身份证件复印件粘贴处）

表 1.11　附表 3

股东(发起人)出资情况

股东(发起人)名称或姓名	证件类型	证件号码	出资时间	出资方式	认缴出资额(万元)	出资比例

注:1. 此表不够填写的,可复印空表填写。

2. 证件类型选择填入:身份证、护照、营业执照、其他。

3. 出资方式选择填入:货币、实物、知识产权、土地使用权、其他非货币财产。

表1.12 附表4
联络员信息

□联络员为指定人员			
姓 名		固定电话	
移动电话		电子邮箱	
身份证件类型		身份证件号码	
（身份证件复印件粘贴处）			
□ 联络员为指定机构			
指定机构名称			
指定机构地址			
邮政编码		联系电话	
证照类型		证件号码	

注:指定机构的证照复印件另附页提交。

注:1.联络员主要负责本企业与登记机关的联系沟通,以及法律文件接收、内部文件保管、商事登记、年度报告及其他信息公示等工作。联络员可以为指定的人员或机构,根据实际情况选择勾选并填写对应栏目。联络员应了解登记相关法规和企业信息公示有关规定,熟悉操作企业信用信息公示系统。联络员以本人个人信息登录企业信用信息公示系统依法向社会公示本企业有关信息等。联络员为指定机构的,该机构应委派专门人员以其个人信息登录企业信用信息公示系统依法向社会公示本企业有关信息等。

2.公司、外商投资的公司、合伙企业、外商投资合伙企业、个人独资企业可以指定机构作为联络员。

表 1.13　附表 5
财务负责人信息

姓　　名		固定电话	
移动电话		电子邮箱	
身份证件类型		身份证件号码	
（身份证件复印件粘贴处）			

表1.14 附表6

承诺书

＿＿＿＿＿＿＿＿＿（登记机关名称）：

你局已告知本申请人商事登记相关后置许可事项和许可部门,并可在广东省工商行政管理局网站查阅《广东省商事登记后置许可事项目录》。本申请人郑重承诺:在领取营业执照后,及时到许可部门办理涉及商事登记后置许可手续,在取得许可前不开展相关后置许可事项经营活动。

申请人签署:

年 月 日

注:1. 申请人为公司、非公司企业法人、非公司外商投资企业、农民专业合作社的,由法定代表人签字;申请人为外国(地区)企业在中国境内从事生产经营活动、外国(地区)企业常驻代表机构的,由有权签字人签字;申请人为合伙企业、外商投资合伙企业的,由全体合伙人或委托执行事务合伙人签字;申请人为个人独资企业的,由投资人签字;申请人为个体工商户的,由经营者签字。变更登记时,还须加盖公章,外国(地区)企业在中国境内从事生产经营活动除外。

2. 有限责任公司和股份有限公司的分公司、企业非法人分支机构由隶属企业的法定代表人签字,营业单位由隶属单位的法定代表人签字,个人独资企业分支机构由隶属企业投资人签字,合伙企业分支机构由合伙企业执行事务合伙人或委派代表签署。设立、变更登记时,还须加盖隶属企业(单位)公章,外国(地区)企业在中国境内从事生产经营活动除外。

表 1.15

指定代表或者共同委托代理人授权委托书

申请人：_____

指定代表或者委托代理人：_____

委托事项及权限：

1. 办理_____（企业或机构名称）的

　　□名称预先核准　　□设立　　□变更　　□注销　　□备案　　□撤销登记

　　□股权出质(□设立　　□变更　　□注销　　□撤销)

　　□证照管理　　□企业迁移　　□其他_____手续。

2. □同意　　□不同意核对登记材料中的复印件并签署核对意见。

3. □同意　　□不同意修改企业自备文件中存在的可以当场更正的错误。

4. □同意　　□不同意修改有关表格中存在的可以当场更正的填写错误。

5. □同意　　□不同意领取营业执照和有关文书。

指定或者委托的有效期限：自_____年___月___日至_____年___月___日。

指定代表或委托代理人 或经办人信息	签　字：
	固定电话：
	移动电话：
（指定代表或委托代理人、具体经办人身份证明复印件粘贴处）	

申请人签署(签名填写不下的可附页填写)：

　　　　　　　　　　　　　　　　　　　　　　　　　年　　月　　日

营 业 执 照

注　册　号　51442000570101234X

名　　　称　中山市雨泽服装有限公司

类　　　型　有限责任公司

住　　　所　中山市沙溪镇隆都路 6 号

法定代表人　陈雨泽

注　册　资　本　叁千万元整

成　立　日　期　2015 年 10 月 30 日

营　业　期　限　2015 年 10 月 30 日到 2035 年 10 月 30 日

经　营　范　围　生产、销售服装，提供服装设计和培训服务

登　记　机　关

二零一五年十月三十日

图 1.7　营业执照

任务 2　税种登记

1.2.1　任务资料

雨泽公司设立登记后,领取了营业执照,开立了基本账户并刻了印章,取得如图 1.8 和图 1.9 所示的资料。

开户许可证

核准号:J257865738873　　　　　　　　　编号:3189-83719803

经审核,中山市雨泽服装有限公司 符合开户条件,准予开立基本存款账户。

法定代表人(单位负责人)　陈雨泽　开户银行　　中国工商银行沙溪支行

账　　　号　370000000800660000123

发 证 机 关 盖 章)

2015 年　10 月　15 日

图 1.8　基本户开户许可证

图 1.9　印章

1.2.2 任务书

1）任务列表

如表 1.16 所示。

表 1.16 任务列表

	子任务	任务描述	任务指导
（一）	税种登记	1. 办税员按要求提交资料。 2. 税管员审核资料、核定税种。	税种登记需要提交以下资料： 1. 营业执照原件和复印件。 2.《纳税人税种登记表》。 3. 雨泽公司初次认定为"小规模纳税人"。
（二）	签订《税库银协议》	1. 办税员填写《委托银行划转地方税费授权书》。 2. 银行在授权书上确认盖章。 3. 办税员把《授权书》交到税务局。	办理了《税库银协议》后，纳税人可以通过网上申报缴纳税款。

2）任务表格

《纳税人税种登记表》和《委托银行划转税费授权书》各 1 份，如表 1.17 和表 1.18 所示。

表 1.17 纳税人税种登记表

纳税人编码：□□□□□□□□□□□□□□□□□□□

纳税人名称(盖章)：　　　　　　　　　　法定代表人：

一、增值税				
类别	1. 销售货物 □ 2. 加工 □ 3. 修理修配 □ 4. 其他 □	货物或项目名称	主营	
			兼营	
纳税人认定情况	1. 增值税一般纳税人□　2. 小规模纳税人□　3. 暂认定增值税一般纳税人□			
经营方式	1. 境内经营货物 □　2. 境内加工修理□　3. 自营出口 □　4. 间接出口□ 5. 收购出口 □　6. 加工出口 □			
二、消费税				
类别	1. 生产 □ 2. 委托加工 □ 3. 零售 □	应税消费品名称	1. 烟□　2. 酒及酒精□　3. 化妆品□　4. 护肤、护发品□ 5. 贵重首饰及珠宝玉石□　6. 鞭炮、烟火□　7. 汽油□ 8. 柴油□　9. 汽车轮胎□　10. 摩托车□　11. 小汽车□	
经营方式	1. 境内销售□　2. 委托加工出口□　3. 自营出口□　4. 境内委托加工□			

三、企业所得税	
法定或申请纳税方式	1.查账征收□ 2.核定应税所得率征收□ 3.定期定额征收□
非生产性收入占总收入的比例(%)	
申报期限:	
四、城市维护建设税	1.增值税□ 2.消费税□ 计税依据:按增值税、消费税
纳税人所在地:1.市区,税率为7%□ 2.县城、镇的税率为5%□3.不在市区、县城或镇的,税率为1%□	
申报期限:	
五、教育费附加	1.增值税□ 2.消费税□ 计税依据:按增值税、消费税
纳税人所在地:1.市区,税率为7%□ 2.县城、镇的税率为5%□3.不在市区、县城或镇的,税率为1%□	
申报期限:	
六、个人所得税	1.工资、薪金□ 2.劳务报酬□ 3.个人独资企业□ 4.合伙企业□5.其他□
申报期限:	
七、印花税	1.购销合同□ 2.加工承揽合同□3.建设工程勘察、设计合同□4.建筑、安装工程承包合同□5.财产租赁合同□ 6.货物运输合同□7.仓储保管合同□ 8.借款合同□9.财产保险合同□ 10.技术合同□ 11.产权转移书据□ 12.营业账簿□13.权利、许可证照□
申报期限:	
八、房产税	1.自用房产□ 2.出租房产□3.承租房产□
申报期限:	
九、土地使用税	1.自有土地□ 2.出租土地□3.承租土地□
申报期限:	
十、车船税	1.载客汽车□ 2.载货汽车□3.摩托车□4.减免税车辆□
申报期限:	
十一、土地增值税	1.房地产开发□ 2.非房地产开发□
申报期限:	
十二、契税	
申报期限:	
十三、耕地占用税	
申报期限:	

以上内容纳税人必须如实填写,如内容发生变化,应及时办理变更登记。

以下由税务机关填写：续表

税种	税目	申报期限	纳税期限	缴款期限	申报方式	税率或单位税额	预算科目	预算分配比例	征收方式	收款国库	是否单独纳税

核定人：　　　　录入人：　　　　核定日期：　　年　月　日

表 1.18　委托银行(信用社)划转地方税费授权书

授权书号码:20140099211

缴纳税费人(单位)名称			
纳税编码(地税)		联系地址	
授权人身份证号		联系电话	
授权人(单位)户名			
主管税务机关名称			

授权内容

　　兹授权_____银行(信用社)_____(支行、营业部)_____(分理处、办事处)，依据中山市地方税务局各征收单位开具的税票或发出的电子数据的金额，从本人(单位)账户_____(填账户号码全称)的存款中实时划转缴纳税费人(单位)应缴纳的各项税费(含发票、税务登记证件工本费)及基金人中山市地方税务局指定的账户，划转时不需要通知本人(单位)或加盖本人(单位)在银行留存的印鉴。由于存款不足导致各项应缴的税费及基金不能依期、足额划转所引起的法律责任，由本授权人(单位)承担。本授权书从本人(单位)签字或盖章之日起生效。

银行确认授权人账号：

授权人签名：
(单位盖章)

　　　　　　　　　　经办银行盖章：

　　　　　　　　　　银行经办人：　　联系电话：　　年　月　日

　　年　月　日　　　税务机关经办人：　　　　年　月　日

任务 3　税务变更登记

1.3.1　知识背景

企业领取营业执照后,生产经营地、财务负责人、核算方式发生变更,由企业向主管税务机关,即各区国、地税局申请变更。除上述 3 项信息外,企业在登记机关新设时采集的信息发生变更,均由企业向登记机关申请变更。企业应当在发生变更事项 30 天内,办理变更手续。

1.3.2　任务资料

2016 年 5 月 10 日,雨泽公司财务负责人林家辉辞职,变更为李悦欣,身份证号码:442000198308283408。

1.3.3　任务书

1)任务列表

如表 1.19 所示。

表 1.19　任务列表

子任务		任务描述	任务指导
(一)	变更税种登记	1.办税员按要求提交资料。 2.税管员审核资料。	变更税务登记需要提交的资料: 1.《税务变更登记表》。 2.营业执照原件和复印件。

2)任务表格

《税务变更登记表》1 份,如表 1.20 所示。

表 1.20 变更税务登记表

<table>
<tr><td>纳税人名称</td><td colspan="2"></td><td>纳税人识别号</td><td></td></tr>
<tr><td colspan="5">变更登记事项</td></tr>
<tr><td>序 号</td><td>变更项目</td><td>变更前内容</td><td>变更后内容</td><td>批准机关名称
及文件</td></tr>
<tr><td></td><td></td><td></td><td></td><td></td></tr>
<tr><td></td><td></td><td></td><td></td><td></td></tr>
<tr><td></td><td></td><td></td><td></td><td></td></tr>
<tr><td></td><td></td><td></td><td></td><td></td></tr>
<tr><td></td><td></td><td></td><td></td><td></td></tr>
<tr><td></td><td></td><td></td><td></td><td></td></tr>
<tr><td></td><td></td><td></td><td></td><td></td></tr>
<tr><td colspan="5">送缴证件情况：</td></tr>
<tr><td colspan="5">纳税人
办税人：　　法定代表人(负责人)：　　纳税人(签章)
年　月　日　　年　月　日　　年　月　日</td></tr>
<tr><td colspan="5">经办税务机关
受理人：　　负责人：　　税务机关(签章)
年　月　日　　年　月　日　　年　月　日</td></tr>
</table>

任务4　纳税人注销登记

1.4.1　知识背景

歇业、被撤销、宣告破产或者因其他原因终止营业的企业,需要到税务机关和工商行政管理机关办理注销登记手续。根据国家工商总局发布的《关于全面推进企业简易注销登记改革的指导意见》,自 2017 年 3 月 1 日起,在全国范围内全面实行企业简易注销登记改革。对领取营业执照后未开展经营活动、申请注销登记前未发生债权债务或已将债权债务清算完结的有限责任公司、非公司企业法人、个人独资企业、合伙企业,由其自主选择适用一般注销程序或简易注销程序。

企业申请简易注销登记应当先通过国家企业信用信息公示系统《简易注销公告》专栏主动向社会公告拟申请简易注销登记及全体投资人承诺等信息(强制清算终结和破产程序终结的企业除外),公告期为 45 日。公告期满后,提交《申请书》《指定代表或者共同委托代理人授权委托书》《全体投资人承诺书》(强制清算终结的企业提交人民法院终结强制清算程序的裁定,破产程序终结的企业提交人民法院终结破产程序的裁定)及营业执照正、副本向原登记机关办理注销手续。

1.4.2　任务资料

2018 年 10 月 15 日,雨泽公司投资者之间产生矛盾无法调节,协商决定终止生产经营。

1.4.3　任务书

1)任务列表

如表 1.21 所示。

表 1.21　任务列表

子任务		任务描述	任务指导
(一)	发布注销公告	办税员登录国家企业信用信息公示系统发布《注销公告》。	公告 45 天后可以办理注销手续。
(二)	提交注销资料	办税员提交股东签署好的注销资料。	1. 注销登记需要提交以下资料: (1)《注销登记申请书》。 (2)《指定代表或者共同委托代理人授权委托书》。 (3)《全体投资人承诺书》。 2. 纳税人注销登记时,除填报以上资料外,还应缴销税控设备、空白发票和发票领购簿。

2) 任务表格

《注销公告》1 份,《全体投资人承诺书》1 份,《公司注销登记申请书》1 份,《指定代表或者共同委托代理人授权委托书》1 份。如表 1.22 ~ 表 1.25 所示。

表 1.22 注销公告

注销公告
_____ 有限公司,注册号：_____,经股东会决议拟向公司登记机关申请注销登记,清算组自即日起进驻本公司,请债权债务人自见报之日起 45 日内向本公司清算组申报债权债务,特此公告。 _____ 有限公司 _____年____月____日

表 1.23 全体投资人承诺书

全体投资人承诺书
现向登记机关申请_____ (企业名称)的简易注销登记,并郑重承诺： 　　本企业申请注销登记前未发生债权债务/已将债权债务清算完结,不存在未结清清算费用、职工工资、社会保险费用、法定补偿金和未交清的应缴纳税款及其他未了结事务,清算工作已全面完结。 　　本企业承诺申请注销登记时不存在以下情形:涉及国家规定实施准入特别管理措施的外商投资企业;被列入企业经营异常名录或严重违法失信企业名单的;存在股权(投资权益)被冻结、出质或动产抵押等情形;有正在被立案调查或采取行政强制、司法协助、被予以行政处罚等情形的;企业所属的非法人分支机构未办理注销登记的;曾被终止简易注销程序的;法律、行政法规或者国务院决定规定在注销登记前需经批准的;不适用企业简易注销登记的其他情形。 　　本企业全体投资人对以上承诺的真实性负责,如果违法失信,则由全体投资人承担相应的法律后果和责任,并自愿接受相关行政执法部门的约束和惩戒。 　　全体投资人签字(盖章)：   　　　　　　　　　　　　　　　　　　　　　　　　　年　　月　　日

表 1.24　公司注销登记申请书

注:请仔细阅读本申请书《填写说明》,按要求填写。

名　　称			注册号	
公司类型			清算组备案 通知书文号	
注销原因	□ 公司章程规定的营业期限届满或其他解散事由出现; □ 股东决定、股东会、股东大会决议解散; □ 因公司合并或者分立需要解散; □ 依法被吊销营业执照、责令关闭或者被撤销; □ 人民法院依法予以解散; □ 公司被依法宣告破产; □ 法律、行政法规规定的其他解散情形:＿＿＿＿＿＿＿＿＿＿。				
对外投资 清理情况	□已清理完毕　　　□无对外投资		分公司注销 登记情况	□已办理完毕　□无分公司
债权债务 清理情况	□已清理完毕　　　□无债权债务			
公告情况	公告报纸名称		公告日期	
申请人声明	本公司依照《公司法》《公司登记管理条例》申请注销登记,提交材料真实有效。 　　签字:　　　　　　　　　　　　　　公司盖章 　　　　　　　　　　　　　年　　月　　日			

表1.25 指定代表或者共同委托代理人授权委托书

申请人：

指定代表或者委托代理人：

委托事项及权限：

1. 办理 _____ （企业或机构名称）的

   □名称预先核准 □设立 □变更 □注销 □备案 □撤销登记

   □股权出质（□设立 □变更 □注销 □撤销）

   □证照管理 □企业迁移 □其他 _____ 手续。

2. □同意 □不同意核对登记材料中的复印件并签署核对意见。

3. □同意 □不同意修改企业自备文件中存在的可以当场更正的错误。

4. □同意 □不同意修改有关表格中存在的可以当场更正的填写错误。

5. □同意 □不同意领取营业执照和有关文书。

指定或者委托的有效期限：自 ____ 年 ____ 月 ____ 日至 ____ 年 ____ 月 ____ 日。

指定代表或委托代理人 或经办人信息	签 字：
	固定电话：
	移动电话：
（指定代表或委托代理人、具体经办人身份证明复印件粘贴处）	

申请人签署（签名填写不下的可附页填写）：

　　　　　　　　　　　　　　　　　　　　　　　　年 ____ 月 ____ 日

模块 2　发票管理实务

1.知识背景

发票是指企业在购销商品、提供或接受劳务以及从事其他经营活动时,开具、收取的收付款凭证,是财务收支的法定凭证,是会计核算的原始凭证。实务中,国税发票有增值税专用发票、增值税普通发票和电子普通发票。一般增值税专用发票一式三联:第一联是记账联,是销售方记账凭证;第二联是抵扣联,是购买方扣税凭证;第三联是发票联,是购买方记账凭证。一般增值税普通发票一式两联,第一联是记账联,是销售方记账凭证;第二联是发票联,是购买方记账凭证。随着信息化的发展,电子发票开始普及,发生交易时候,销售方开具电子普通发票邮寄给购买方,购买方可以在税务机关网站查询验证发票信息,也可以下载打印,解决了纸质发票查询和保存不便的缺陷问题。

增值税专用发票只限于增值税的一般纳税人领购使用,增值税小规模纳税人不得使用。一般纳税人不得开具专用发票时,也可以开具普通发票。增值税发票一般通过防伪税控设备开具,不能开具增值税发票时,纳税人也可以向税务机关申请代开发票。票样如图2.1~图2.3所示。

图 2.1　增值税普通发票

广东增值税电子普通发票

发票代码：

发票号码：

开票日期： 年 月 日

校验码：

税函[2015] 341号海南华森实业公司

购买方	名　　称：					密码区		
	纳税人识别号：							
	地　址、电话：							
	开户行及账号：							

货物或应税劳务、服务名称	规格型号	单位	数量	单价	金　额	税率	税额

价税合计（大写）		（小写）

销售方		备注

收款人： 复核： 开票人：

第一联：记账联 销售方记账凭证

图2.2　增值税电子普通发票

广东增值税专用发票

No.**351234501** 4400153130

4400153130

此联不作报销、扣税凭证使用

开票日期： 年 月 日

税函[2015] 341号海南华森实业公司

购买方	名　　称：					密码区		
	纳税人识别号：							
	地　址、电话：							
	开户行及账号：							

货物或应税劳务、服务名称	规格型号	单位	数量	单价	金　额	税率	税额

价税合计（大写）		（小写）

销售方		备注

收款人： 复核： 开票人：

第一联：记账联 销售方记账凭证

图2.3　增值税专用发票

2. 任务目标

掌握增值税发票的种类、领购要求和领购流程。

3. 任务角色

办税员、税管员、财务主管、法定代表人。

任务 1　初次领取发票

2.1.1　任务资料

中山市雨泽服装有限公司,税务登记号:51442000570101234X,预计年营业额 50 万元,按照税务局指引,取得开具增值税发票的税控设备,设备 IC 卡号:44 - 661600782345。如图 2.4 所示。

图 2.4　税控设备

2.1.2　任务列表

如表 2.1 所示。

表 2.1　任务列表

子任务		任务描述	任务指导
(一)	申领发票	1. 2015 年 11 月办税员按照要求提交申领发票需要的资料,申请领用 15 份增值税普通发票(一式两联)和 15 份电子发票。 2. 国税税管员审核后发放《发票领购簿》和发票。	纳税人后续领购发票可以通过网络系统申请,采取前台取票或邮寄的方式取得发票,纳税人发票验旧、验销和开具红字发票也可以通过网络系统完成,非常方便。纳税人应建立完善的发票领用和保管制度,妥善保管空白发票、作废发票和红字发票以备税务局检查。

2.1.3　任务表格

《纳税人领用发票票种核定表》《增值税专用发票最高开票限额申请单》《发票领购簿》各 1 份,《增值税普通发票》62804341—62804355。如表 2.2 ~ 表 2.4 和图 2.5 所示。

表 2.2　纳税人领用发票票种核定表

纳税人识别号			法人代表	
纳税人名称				
购票员名称	证件类型		证件号码	

月实际营业额	
一般纳税人类别	□否　　□A 类　□B 类　□C 类
已许可的增值税专用发票最高开票限额	□万元　□十万元　□百万元　□千万元　□亿元

申请理由： 申请人（签章） 年　月　日	申请人发票专用章印模

纳税人填写				以下由税务机关填写					
申请领购发票名称及版面	种类代码	操作类型	月用票量（本/份）	每（□月、□季）最高购票数量	每次购票最高数量	纳税人持票最高数量	开具最大金额	购票方式	联次屏蔽标志

票种核定岗意见： 签名：　年 月 日	股长意见： 签名：　年 月 日（股章）	分局长意见： 签名：　年 月 日（公章）

表 2.3　增值税专用发票最高开票限额申请单

申请事项 (由纳税 人填写)	纳税人名称		纳税人识别号	
	地　　址		联系电话	
	购票人信息			
	申请增值税专用发票 (增值税税控系统)最 高开票限额	□初次　　□变更　　(请选择一个项目并在□内打"√") □一亿元　　□一千万元　　□一百万元 □十万元　　□一万元　　　□一千元 (请选择一个项目并在□内打"√")		
	申请货物运输业增值 税专用发票(增值税 税控系统)最高开票 限额	□初次　　□变更　　(请选择一个项目并在□内打"√") □一亿元　　□一千万元　　□一百万元 □十万元　　□一万元　　　□一千元 (请选择一个项目并在□内打"√")		
	申请理由: 　　经办人(签字):　　　　　　　　　　纳税人(印章): 　　　　年　　月　　日　　　　　　　　　年　　月　　日			
区县税务 机关意见	发票种类		批准最高开票限额	
	增值税专用发票(增值税税控系统)			
	货物运输业增值税专用发票 (增值税税控系统)			
	经办人(签字):　　　　批准人(签字):　　　　税务机关(印章): 　　年　月　日　　　　　　年　月　日　　　　　　年　月　日			

注:本申请表一式两联,第一联由申请纳税人留存,第二联由区县税务机关留存。

表 2.4 领购发票记录(发票领购簿)

纳税人编码: 纳税人名称:

核 算 形 式:

核定领购发票记录

日 期	发票编码、发票名称	购票方式	月供数量	验销方式	缴销期限	备 注

纳税人编码: No.

纳税人名称:

发票领购记录

日 期	发票编码、发票名称	数 量	批 次	起止号码	售票量

广东增值税普通发票

No.**62804341**   4400151320

4400151320
校验码 48 728 29039 24783 71601

开票日期： 年 月 日

购买方	名　　称：							密码区		第一联：记账联　销售方记账凭证
	纳税人识别号：									
	地　址、电　话：									
	开户行及账号：									
	货物或应税劳务、服务名称	规格型号	单位	数量	单价	金　额	税率	税额		
	价税合计（大写）					（小写）				
	销售方							备注		

收款人：　　　　　复核：　　　　　开票人：

图 2.5　增值税普通发票 62804341-62804355

（税印函【2015】57 号广州东港安全印刷有限公司）

任务 2　发票续领、验旧

　　近年来,税局开通了很多网上办税业务,如发票续领,可通过"税企通"平台办理,发票验旧可以在电子税务局平台上办理,操作简单,非常方便,本书不专门讲解。

模块 3 增值税一般纳税人纳税实务

【知识背景】

1. 一般纳税人的认定标准

增值税纳税人分为一般纳税人和小规模纳税人，应税行为的年应征增值税销售额超过财政部和国家税务总局规定标准的纳税人为一般纳税人，年应税销售额未超过规定标准的纳税人，会计核算健全，能够提供准确税务资料的，可以向主管税务机关办理一般纳税人资格登记，成为一般纳税人。

新开业的企业符合条件可以直接申请认定为一般纳税人。已开业的小规模企业，连续12个月内累计应税销售额达到规定标准的，次月可以申请认定为一般纳税人。但是，下列纳税人不办理一般纳税人资格认定：

（1）个体工商户以外的其他个人。

（2）选择按照小规模纳税人纳税的非企业性单位。

（3）选择按照小规模纳税人纳税的不经常发生应税行为的企业。

一般纳税人可以自行开具增值税专用发票，小规模纳税人可以自行开具增值税普通发票，不能自行开具增值税专用发票。

2. 一般纳税人的计税方法

（1）一般计税方法

一般情况下，一般纳税人实行税款抵扣制度，即：

当期应交纳的增值税 = 当期取得的销项税额 - 当期可抵扣的进项税额

纳税人取得以下合法凭证，可以申请抵扣进项税额：

①从销售方取得的增值税专用发票（含税控机动车销售统一发票）。

②海关进口增值税专用缴款书。

③农产品收购凭证。

④技术维护费发票。

⑤公路通行费发票。

⑥从境外单位或者个人购进服务、无形资产或者不动产，自税务机关或者扣缴义务人取得的解缴税款的完税凭证。

纳税人取得增值税专用发票后，需要在360天内进行认证，并在认证通过的次月按照增值税的有关规定据以抵扣增值税进项税。

增值税专用发票可以采用以下 3 种方法认证：

①远程认证。远程认证是由纳税人自行扫描、识别专用发票抵扣联票面信息,生成电子数据,通过网络传输至税务机关,由税务机关完成解密和认证,并将认证结果返回纳税人的认证方式。

②上门认证。上门认证是指纳税人携带增值税专用发票抵扣联等资料,到税务机关申报征收窗口或者自助办税机(ARM 机)进行认证的方式。

③勾选认证。勾选认证是最新的一种认证方式,是指符合条件的纳税人通过特定的网址,查询升级版增值税开票系统开具给自己的增值税发票信息,然后通过勾选和确认的形式完成发票认证。

目前,可以适用取消增值税发票认证政策,采用勾选确认的方式进行增值税发票认证的纳税人包括：

①2015 年度纳税人信用等级为 A 或 B 的增值税一般纳税人。

②2016 年 5 月 1 日新纳入营改增试点的增值税一般纳税人。

税务机关依据纳税人税务登记情况、纳税申报情况、账簿凭证管理情况、税款缴纳情况等对纳税人进行评分定级,大于 95 分为 A 级,60～95 分为 B 级,20～60 为 C 级,小于 20 为 D 级,评定信用等级的目的是为了加强税收信用体系建设,规范纳税信用等级评定管理,促进纳税人依法纳税。

(2)简易计税方法

一般纳税人销售特定货物或服务也可以选用简易计税方法,如一般纳税人销售自制的商品混凝土、生物制品等。对选择按简易办法计算缴纳增值税的应税项目,应适用下列公式计算应纳税额：

$$应纳税额 = 不含税销售收入 \times 征收率$$

3.增值税的税率

如表 3.1 所示。

表 3.1　增值税的税率

行　业		税　率
一般纳税人　销售、进口货物、提供加工修理修配劳务	一般情形	17%
	销售或进口农产品(含粮食)、自来水、暖气、冷气、热水、石油液化气、天然气、沼气、居民用煤炭制品、图书、报纸、杂志、音像制品、电子出版物等	11%
	有形动产租赁	17%
	交通运输、邮政、基础电信、建筑、不动产租赁、销售不动产、转让土地使用权	11%
	金融服务、增值电信服务、现代服务(租赁服务除外)、生活服务、销售无形资产(土地使用权除外)	6%
	简易计税方法销售不动产、提供不动产经营租赁服务	5%
小规模纳税人和增值税一般纳税人销售特定货物选用简易计税方法		3%

4.增值税申报

增值税的纳税期限分别为 1 日、3 日、5 日、10 日、15 日、1 个月或者 1 个季度。纳税人的具体纳税期限,由主管税务机关根据纳税人应纳税额的大小分别核定。

以 1 个季度为纳税期限的规定适用于小规模纳税人、银行、财务公司、信托投资公司、信用社,以及财政部和国家税务总局规定的其他纳税人。不能按照固定期限纳税的,可以按次纳税。

纳税人以 1 个月或者 1 个季度为 1 个纳税申报期的,纳税申报期一般为次月或季后首月 1 日起至 15 日止;遇最后一日为法定节假日的,顺延 1 日;在每月 1 日至 15 日内有连续 3 日以上法定休假日的,按休假日天数顺延。

一般纳税人应通过全省统一电子申报软件系统进行增值税纳税申报资料电子信息采集,并制作数据电文,可选择通过网上申报、上门申报等方式进行纳税申报。全省统一电子申报软件系统可以通过广东省国家税务局门户网站或软件服务单位网站下载。

除转让不动产、不动产租赁和跨县市提供建筑服务的特殊情形外,纳税人应当向机构所在地的主管国税机关申报缴纳增值税,随同增值税一起缴纳的城市维护建设税、教育费附加和地方教育费附加则应当向主管地税机关申报缴纳。

任务 1　小规模纳税人认定为一般纳税人

3.1.1　任务目标

①掌握认定为一般纳税人所需具备的条件,明确一般纳税人与小规模纳税人在税收征管上的区别待遇。

②掌握办理一般纳税人认定的程序和手续。

3.1.2　任务角色

办税员、国税局税管员。

3.1.3　任务资料

中山市雨泽服装有限公司成立于 2015 年 10 月,税号 51442000570101234X,新开业时认定为小规模纳税人。2016 年,营业收入达到 500 万元。为扩大销售渠道,充分利用一般纳税人可开具增值税专用发票的优势,2017 年 6 月,雨泽公司决定申请认定为一般纳税人。

3.1.4　任务书

1)任务列表

如表 3.2 所示。

表 3.2　任务列表

	子任务	任务描述	任务指导
（一）	办税员任务	1. 填写《增值税一般纳税人资格登记表》； 2. 递交申报所需资料、《资格登记表》和营业执照复印件。	1. 递交申请的同时，应先设置好总账、明细分类账、出纳日记账、仓库明细账、销售明细账、应收明细账、应付明细账、应交税费（增值税）明细账，以便检查。 2.《营业执照》请查阅任务 1。
（二）	税管员任务	审批办税员提交的资料。	

2）任务表格

《增值税一般纳税人资格登记表》1 份。如表 3.3 所示。

表 3.3　增值税一般纳税人资格登记表

纳税人名称			纳税人识别号		
法定代表人 （负责人、业主）		证件名称及号码		联系电话	
财务负责人		证件名称及号码		联系电话	
办税人员		证件名称及号码		联系电话	
税务登记日期					
生产经营地址					
注册地址					
纳税人类别：企业□　非企业性单位□　个体工商户□　其他□					
主营业务类别：工业 □　商业□　服务业□　其他□					
会计核算健全：是□					
一般纳税人资格生效之日：当月 1 日□　　　　次月 1 日□					
纳税人（代理人）承诺： 　　上述各项内容真实、可靠、完整。如有虚假，愿意承担相关法律责任。 　　　　经办人：　　　法定代表人：　　　代理人：　　　　　　（签章） 　　　　　　　　　　　　　　　　　　　　　　　　　年　　月　　日					
以下由税务机关填写					
主管税务机关受理情况	受理人：　　　　　　　　　　　　　　　　主管税务机关（章） 　　　　　　　　　　　　　　　　　　　　　　年　　月　　日				

任务 2 一般纳税人通用业务纳税申报

3.2.1 任务目标

①通过完成任务,加深对税款抵扣制度的理解,学会科学合理安排增值税申报业务,从而具备税收筹划的意识和能力。

②掌握增值税一般纳税业务的申报流程,能够准确填写纳税申报表并进行相关业务账务处理。

③通过完成任务,把握税务业务和会计工作之间的有机联系,从而能够完整地处理业务。

3.2.2 任务角色

办税员、国税局税管员、会计、财务经理主管、出纳、地税局税管员。

3.2.3 任务资料

①2017 年 7 月,雨泽公司取得以下增值税专用发票。如图 3.1 ~ 图 3.13 所示。

图 3.1 增值税专用发票抵扣联

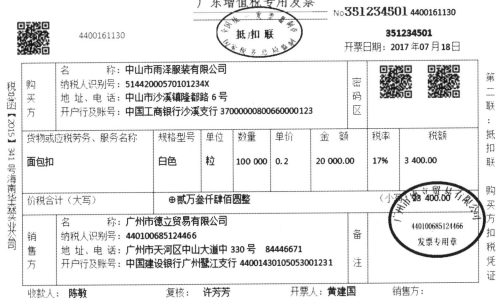

图3.2　增值税专用发票发票联

图3.3　增值税专用发票抵扣联

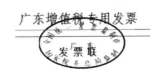

广东增值税专用发票

发票联

No 351234501 4400161130

351234501

开票日期：2017 年 07 月 18 日

4400161130

购买方	名　　称：中山市雨泽服装有限公司 纳税人识别号：51442000570101234X 地址、电话：中山市沙溪镇隆都路 6 号 开户行及账号：中国工商银行沙溪支行 37000000800660000123	密码区	

货物或应税劳务、服务名称	规格型号	单位	数量	单价	金额	税率	税额
面包扣	白色	粒	100 000	0.2	20 000.00	17%	3 400.00

价税合计（大写）	⊕ 贰万叁仟肆佰圆整	（小写）23 400.00

销售方	名　　称：广州市德立贸易有限公司 纳税人识别号：440100685124466 地址、电话：广州市天河区中山大道中 330 号　84446671 开户行及账号：中国建设银行广州蟹江支行 44001430105053001231	备注	广州市德立贸易有限公司 440100685124466 发票专用章

收款人：陈敏　　　　复核：许芳芳　　　　开票人：黄建国　　　　销售方：

第三联：发票联　购买方记账凭证

税总函〔2015〕341号海南华森实业公司

图 3.4　增值税专用发票发票联

币别：人民币　　　　2017 年 07 月 18 日

付款人	全称	中山市雨泽服装有限公司	收款人	全称	广州市德立贸易有限公司
	账号	37000000800660000123		账号	44001430105053001231
	开户行	中国工商银行沙溪支行		开户行	中国建设银行广州蟹江支行
金额	（大写）贰万叁仟肆佰圆整			（小写）￥23 400.00	
凭证种类	电汇凭证		凭证号码		
结算方式	转账		用途	电子汇入	

中国工商银行中山沙溪支行
20170808
业务专用章

汇款附言：货款

此联汇款人汇出行给付款人回单

图 3.5　汇款回单

广东增值税专用发票　No351234502 4400161130

抵扣联

4400161130

351234502

开票日期：2017 年 07 月 25 日

货物或应税劳务、服务名称	规格型号	单位	数量	单价	金　额	税率	税额
利通 1210 塑料四合扣	黑色	粒	100 000	0.1	10 000.00	17%	1 700.00

购买方：
名　称：中山市雨泽服装有限公司
纳税人识别号：51442000570101234X
地　址、电话：中山市沙溪镇隆都路 6 号
开户行及账号：中国工商银行沙溪支行 37000000800660000123

密码区

价税合计（大写）　⊕壹万壹仟柒佰圆整　（小写）￥11 700.00

销售方：
名　称：广州市德立贸易有限公司
纳税人识别号：440100685124466
地　址、电话：广州市天河区中山大道中 330 号　84446671
开户行及账号：中国建设银行广州蟠江支行 44001430105053001231

备注

税字函【2015】341 号海南华禁实业公司

第二联：抵扣联　购买方扣税凭证

收款人：　　复核：许芳芳　　开票人：黄建国　　销售方：

图 3.6　增值税专用发票抵扣联

广东增值税专用发票　No351234502 4400161130

发票联

4400161130

351234502

开票日期：2017 年 07 月 25 日

货物或应税劳务、服务名称	规格型号	单位	数量	单价	金　额	税率	税额
利通 1210 塑料四合扣	黑色	粒	100 000	0.1	10 000.00	17%	1 700.00

购买方：
名　称：中山市雨泽服装有限公司
纳税人识别号：51442000570101234X
地　址、电话：中山市沙溪镇隆都路 6 号
开户行及账号：中国工商银行沙溪支行 37000000800660000123

密码区

价税合计（大写）　⊕壹万壹仟柒佰圆整　（小写）￥11 700.00

销售方：
名　称：广州市德立贸易有限公司
纳税人识别号：440100685124466
地　址、电话：广州市天河区中山大道中 330 号　84446671
开户行及账号：中国建设银行广州蟠江支行 44001430105053001231

备注

税字函【2015】341 号海南华禁实业公司

第三联：发票联　购买方记账凭证

收款人：　　复核：许芳芳　　开票人：黄建国　　销售方：

图 3.7　增值税专用发票发票联

天津增值税专用发票

No00736081 1200162130
00736081
开票日期：2017 年 07 月 03 日

抵扣联

1200162130

购买方	名　称：中山市雨泽服装有限公司 纳税人识别号：51442000570101234X 地　址、电话：中山市沙溪镇隆都路 6 号 开户行及账号：中国工商银行沙溪支行 37000000800660000123	密码区	

货物或应税劳务、服务名称	规格型号	单位	数量	单价	金额	税率	税额
管状布		米	5 000	12.820 512	64 102.56	17%	10 897.44

价税合计（大写）	⊕柒万伍仟圆整	（小写）￥75 000.00

销售方	名　称：天津轩逸丰商贸有限公司 纳税人识别号：120113598712339 地　址、电话：北辰区西堤头镇工业区　　13800051551 开户行及账号：中国银行天津万科城支行 279169000551	备注	天津轩逸丰商贸有限公司 120113598712339 发票专用章

收款人：　　　　复核：　陈丽珠　　　　　开票人：李明芬　　　　销售方：发票专用章

第二联：抵扣联　购买方扣税凭证

税总函【2015】664 号北京印钞印刷有限公司

图 3.8　增值税专用发票抵扣联

天津增值税专用发票

No00736081　1200162130
00736081
开票日期：2017 年 07 月 03 日

发票联

1200162130

购买方	名　称：中山市雨泽服装有限公司 纳税人识别号：51442000570101234X 地　址、电话：中山市沙溪镇隆都路 6 号 开户行及账号：中国工商银行沙溪支行 37000000800660000123	密码区	

货物或应税劳务、服务名称	规格型号	单位	数量	单价	金额	税率	税额
管状布		米	5 000	12.820 512	64 102.56	17%	10 897.44

价税合计（大写）	⊕柒万伍仟圆整	（小写）￥75 000.00

销售方	名　称：天津轩逸丰商贸有限公司 纳税人识别号：120113598712339 地　址、电话：北辰区西堤头镇工业区　　13800051551 开户行及账号：中国银行天津万科城支行 279169000551	备注	天津轩逸丰商贸有限公司 120113598712339 发票专用章 销售方（章）

收款人：　　　　复核：　陈丽珠　　　　　开票人：李明芬　　　　销售方：（章）

第三联：发票联　购买方记账凭证

税总函【2015】664 号北京印钞印刷有限公司

图 3.9　增值税专用发票发票联

浙江增值税专用发票

No 11545901　3300154130

3300154130

抵扣联 浙江

11545901

开票日期：2017年06月25日

税03函【2015】341号海南华禁实业大公司

名　　　称：中山市雨泽服装有限公司	第二联：抵扣联　购买方扣税凭证
纳税人识别号：51442000570101234X	
地址、电话：中山市沙溪镇隆都路6号	
开户行及账号：中国工商银行沙溪支行 37000000800660000123	

购买方

密码区

货物或应税劳务、服务名称	规格型号	单位	数量	单价	金额	税率	税额
高支精细棉线花边织带	白色	码	40 000	1.15	46 000.00	17%	7 820.00

价税合计（大写）　⊕伍万叁仟捌佰贰拾圆整　　　　　　（小写）53 820.00

销售方

名　　　称：浙江联合纺织有限公司	备注
纳税人识别号：91330500781814119O	
地址、电话：浙江省德清县北郊路18号　0572-8424123	
开户行及账号：德清县农行乾元支行 19130701040028555	

收款人：　　　　　复核：宋美琳　　　　开票人：宋美琳　　　销售方

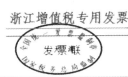

图 3.10　增值税专用发票抵扣联

浙江增值税专用发票

No 11545901　3300154130

3300154130

发票联 浙江

11545901

开票日期：2017年06月25日

税03函【2015】341号海南华禁实业大公司

名　　　称：中山市雨泽服装有限公司	第三联：发票联　购买方记账凭证
纳税人识别号：51442000570101234X	
地址、电话：中山市沙溪镇隆都路6号	
开户行及账号：中国工商银行沙溪支行 37000000800660000123	

购买方

密码区

货物或应税劳务、服务名称	规格型号	单位	数量	单价	金额	税率	税额
高支精细棉线花边织带	白色	码	40 000	1.15	46 000.00	17%	7 820.00

价税合计（大写）　⊕伍万叁仟捌佰贰拾圆整　　　　　　（小写）53 820.00

销售方

名　　　称：浙江联合纺织有限公司	备注
纳税人识别号：91330500781814119O	
地址、电话：浙江省德清县北郊路18号　0572-8424123	
开户行及账号：德清县农行乾元支行 19130701040028555	

收款人：　　　　　复核：宋美琳　　　　开票人：宋美琳　　　销售方

图 3.11　增值税专用发票发票联

山东增值税专用发票　No**02782301** 3700161130

3700161130

抵 扣 联

02782301

开票日期：2017 年 06 月 18 日

第二联：抵扣联　购买方扣税凭证

购买方	名　　称：中山市雨泽服装有限公司 纳税人识别号：51442000570101234X 地　址、电话：中山市沙溪镇隆都路 6 号 开户行及账号：中国工商银行沙溪支行 3700000800660000123		密码区	

货物或应税劳务、服务名称	规格型号	单位	数量	单价	金　额	税率	税额
双色白色棉绳	2 mm	包	1 000	22	22 000.00	17%	3 740.00

价税合计（大写）	⊕贰万伍仟柒佰肆拾圆整	（小写）￥25 740.00

销售方	名　　称：临沂美奥纺织有限公司 纳税人识别号：371311764810001 地　址、电话：罗庄区付庄街道东　0539-8921111 开户行及账号：建行付庄支行 37001826204050001231	备注	临沂美奥纺织有限公司 371311764810001 发票专用章

收款人：　　　　复核：**杨幂**　　　开票人：谢娜　　　销售方：

税 03 函【2015】664 号西安印钞有限公司

图 3.12　增值税专用发票抵扣联

山东增值税专用发票　No**02782301** 3700161130

3700161130

发票联

02782301

开票日期：2017 年 06 月 18 日

第三联：发票联　购买方记账凭证

购买方	名　　称：中山市雨泽服装有限公司 纳税人识别号：51442000570101234X 地　址、电话：中山市沙溪镇隆都路 6 号 开户行及账号：中国工商银行沙溪支行 3700000800660000123		密码区	

货物或应税劳务、服务名称	规格型号	单位	数量	单价	金　额	税率	税额
双色白色棉绳	2 mm	包	1 000	22	22 000.00	17%	3 740.00

价税合计（大写）	⊕贰万伍仟柒佰肆拾圆整	（小写）￥25 740.00

销售方	名　　称：临沂美奥纺织有限公司 纳税人识别号：371311764810001 地　址、电话：罗庄区付庄街道东　0539-8921111 开户行及账号：建行付庄支行 37001826204050001231	备注	临沂美奥纺织有限公司 371311764810001 发票专用章

收款人：　　　　复核：**杨幂**　　　开票人：谢娜　　　销售方：

税 03 函【2015】664 号西安印钞有限公司

图 3.13　增值税专用发票发票联

②2017年7月,雨泽公司销售货物开出以下增值税专用发票。如图3.14～图3.18所示。

图3.14 增值税专用发票记账联

图3.15 增值税专用发票记账联

客户收（付）款入账通知

付款方账号：　2002022819100181533
付款方户名：海丰实业（珠海）有限公司
付款人行号：102581000123
收款方账号：37000000800660000123
收款人户名：中山市雨泽服装有限公司
收款人行号：102581000368

入账日期：20170703　　　小写金额：CNY 柒万叁仟壹佰贰拾伍圆整

交易渠道：EBANK
交易柜员：10258EK01
日志号：186109222
摘要：转存
附言：服装款

打印日期：2017-07-05　　打印号：44-1114　　　打印机号：20170902545117114
备注：自助终端打印，请注意重复

图 3.16　入账通知

图 3.17　增值税专用发票记账联

广东增值税普通发票　　No**62804341** 4400151320

此联不作报销、扣税凭证使用

62804341

开票日期：2017年07月20日

购买方	名　称：刘德华 纳税人识别号： 地址、电话： 开户行及账号：						密码区	
货物或应税劳务、服务名称	规格型号	单位	数量	单价	金　额	税率	税额
男装	灰色	件	5	3 000.00	15 000.00	17%	2 550.00
价税合计（大写）	⊕壹万柒仟伍佰伍拾圆整				（小写）￥17 550.00		
销售方	名　称：中山市雨泽服装有限公司 纳税人识别号：51442000570101234X 地址、电话：中山市沙溪镇隆都路6号 开户行及账号：中国工商银行沙溪支行 37000000800660000123						备注	

收款人：赵丽颖　现金收讫　　复核：林心如　　开票人：范冰冰

图 3.18　增值税普通发票记账联

③2017 年 7 月,雨泽公司期初留抵扣税额 36 169.33 元。

④增值税一般纳税人申报需要报送的资料。如表 3.4 所示。

表 3.4　报送资料

序　号	资料名称	说　明
1	《增值税纳税申报表(一般纳税人适用)》	
2	《增值税纳税申报表附列资料(一)》(本期销售情况明细)	
3	《增值税纳税申报表附列资料(二)》(本期进项税额明细)	
4	《增值税纳税申报表附列资料(三)》(服务、不动产和无形资产扣除项目明细)	有扣除项目的营业税改增值税纳税人填写,其他纳税人不填。
5	《增值税纳税申报表附列资料(四)》(税额抵减情况表)	发生相关业务的纳税人填写,其他纳税人不填。
6	《增值税纳税申报表附列资料(五)》(不动产分期抵扣计算表)	分期抵扣不动产进项税额的纳税人填写。
7	《固定资产(不含不动产)进项税额抵扣情况表》	
8	《本期抵扣进项税额结构明细表》	
9	《增值税减免税申报明细表》	享受增值税减免税优惠政策的一般纳税人填写。

序　号	资料名称	说　明
10	《完税凭证抵扣(减)清单》	凭完税凭证抵扣进项税额或抵减应纳税额的一般纳税人填写,其他纳税人不填。
11	《服务、不动产和无形资产扣除项目清单》	有扣除项目的营业税改征增值税纳税人填写,其他纳税人不填。
12	营改增税负分析测算明细表	从事建筑、房地产、金融或生活服务等经营业务所有的一般纳税人填报。

3.2.4 任务书

1) 任务列表

如表 3.5 所示。

表 3.5 任务列表

子任务		任务描述	任务指导
(一)	采购业务账务处理	1. 2017 年 7 月,会计根据取得的进项发票逐张编制记账凭证,凭证日期为业务发生日期。 2. 出纳对需要出纳签名的凭证进行签名。	1. 裁剪并整理好进项票的记账联作为附件粘贴在凭证后面,注意判断货款是否支付。 2. 注意当期取得发票当期认证、当期取得发票当期不认证、前期取得发票当期认证不同情况的账务处理应有所区别。
(二)	销售业务账务处理	3. 会计主管审核记账凭证。	裁剪下增值税发票记账联作为附件粘贴在凭证后面。
(三)	进项发票认证	1. 2017 年 7 月 30 日,办税员整理、装订增值税发票进项联并登录增值税发票选择确认平台进行认证。其中,2017 年 7 月 25 日取得的发票暂不认证,待下个月再认证,6 月取得的发票本月认证。 2. 国税局税管员审核雨泽公司认证的发票并制作《认证结果通知书》和《认证结果清单》。	增值税专用发票可以采用远程认证、上门认证和勾选认证 3 种,雨泽公司的纳税信用等级是 B 级,可以采用勾选认证的方式。勾选认证是在增值税发票选择确认平台上勾选需要认证的发票,发送信息到税局征管系统并回收认证信息的方式。
(四)	申报缴纳增值税	1. 2017 年 8 月 10 日,办税员登录国税局申报系统填报《增值税申报表》及附表。 2. 国税局税管员审核申报表,填发电子缴税凭证并传递到银行扣款。	一般纳税人填报增值税必须报送的资料如表 3.4 所示。

续表

子任务	任务描述	任务指导
（五）申报缴纳附加税	1.2017 年 8 月 10 日,办税员登录地税局申报系统填报附加税申报表,即税(费)通用申报表,下同。 2.地税局税管员审核纳税申报表,填发电子缴税凭证并传递到银行扣款。	随同增值税一起缴纳的附加税有城市维护建设税、教育费和地方教育费附加,附加税在地方税务局申报缴纳。
（六）取得缴税凭证账务处理	1.2017 年 8 月 15 日,会计根据取得的电子缴税凭证逐张编制记账凭证,凭证日期为业务发生日期。 2.出纳对需要出纳签名的凭证进行签名。 3.会计主管审核记账凭证。	裁下电子缴税凭证作为记账凭证附件。

2）任务表格

《认证结果通知书》《专用发票认证结果清单》《增值税纳税申报表》及附表共 5 张,《本期抵扣进项税额结构明细表》和《税(费)通用申报表》各 1 张,电子缴税凭证 2 张,记账凭证 10 张。如表 3.6~表 3.24 所示。

表 3.6　认证结果通知书

认证结果通知书

_____有限公司：

（登记序号：　　　　税务登记号：　　　　　）

你单位于_____年___月报送的防伪税控系统开具的专用发票抵扣联共____份(不含重复认证和未通过认证的发票份数)。认证情况如下(详见所附清单)：

认证结果	发票份数	金额	税额
认证相符			
过期认证			

_____年___月___日

注:1.过期认证的专用发票不可用于抵扣进项税额或出口退税。

2.请将认证相符专用发票抵扣联与本通知书一起装订成册,作为纳税检查的被查资料。

3.如有疑问,请及时与主管税务机关联系。

表 3.7 专用发票认证结果清单

专用发票认证结果清单(认证相符)

所属年月：_____ 年____月

企业名称：_____ 纳税人识别号：_____

序　号	发票代码	发票号码	开票日期	销货方识别号	金　额	税　额

专用发票认证结果清单(过期认证)

所属年月：_____ 年____月

企业名称：_____ 纳税人识别号：_____

序　号	发票代码	发票号码	开票日期	销货方识别号	金　额	税　额

表 3.8 增值税纳税申报表

(适用于增值税一般纳税人)

纳税人识别号：　　　　　　　　纳税人名称：

税款所属时间:自　　年　月　日至　　年　月　日　填表日期：　　年　月　日　　金额单位:元至角分

	项　目	栏　次	一般货物及劳务		即征即退货物及劳务	
			本月数	本年累计	本月数	本年累计
销售额	(一)按适用税率征税货物及劳务销售额	1				
	其中:应税货物销售额	2				
	应税劳务销售额	3				
	纳税检查调整的销售额	4				
	(二)按简易征收办法征税货物销售额	5				
	其中:纳税检查调整的销售额	6				
	(三)免、抵、退办法出口货物销售额	7			—	—
	(四)免税货物及劳务销售额	8			—	—
	其中:免税货物销售额	9			—	—
	免税劳务销售额	10			—	—

续表

项　目		栏　次	一般货物及劳务		即征即退货物及劳务	
			本月数	本年累计	本月数	本年累计
税款计算	销项税额	11				
	进项税额	12				
	上期留抵税额	13			—	—
	进项税额转出	14				
	免抵退货物应退税额	15			—	—
	按适用税率计算的纳税检查应补缴税额	16			—	—
	应抵扣税额合计	17 = 12 + 13 − 14 − 15 + 16			—	—
	实际抵扣税额	18（如 17 < 11，则为 17，否则为 11）				
	应纳税额	19 = 11 − 18				
	期末留抵税额	20 = 17 − 18			—	—
	简易征收办法计算的应纳税额	21				
	按简易征收办法计算的纳税检查应补缴税额	22			—	—
	应纳税额减征额	23				
	应纳税额合计	24 = 19 + 21 − 23				
税款缴纳	期初末缴税额(多缴为负数)	25				
	实收出口开具专用缴款书退税额	26			—	—
	本期已缴税额	27 = 28 + 29 + 30 + 31				
	①分次预缴税额	28			—	—
	②出口开具专用缴款书预缴税额	29			—	—
	③本期缴纳上期应纳税额	30				
	④本期缴纳欠缴税额	31				
	期末未缴税额(多缴为负数)	32 = 24 + 25 + 26 − 27				
	其中:欠缴税额(≥0)	33 = 25 + 26 − 27			—	—

续表

项　目		栏　次	一般货物及劳务		即征即退货物及劳务	
			本月数	本年累计	本月数	本年累计
税款缴纳	本期应补(退)税额	34 = 24 - 28 - 29			—	—
	即征即退实际退税额	35	—	—		
	期初未缴查补税额	36			—	—
	本期入库查补税额	37			—	—
	期末未缴查补税额	38 = 16 + 22 + 36 - 37			—	—
授权声明	如果你已委托代理人申报,请填写下列资料: 　　为代理一切税务事宜,现授权 　　　　　　　　(地址) 　　为本纳税人的代理申报人,申报表有关的往来文件,都可寄予此人。 　　　　　　授权人签字:	申报人声明	此纳税申报表是根据《中华人民共和国增值税暂行条例》的规定填写,是真实的、可靠的、完整的。 　　　　声明人签字:			

以下由税务机关填定:

收到日期:　　　　　　　　　　接收人:　　　　　　　　　主管税务机关盖章:

表 3.9　增值税纳税申报表附列资料（表 1）

（本期销售情况明细）

纳税人名称：（公章）

税款所属时间：　　年　月　日至　　年　月　日

金额单位：元至角分

项目及栏次		开具税控增值税专用发票 销售额	销项(应纳)税额	开具其他发票 销售额	销项(应纳)税额	未开具发票 销售额	销项(应纳)税额	纳税检查调整 销售额	销项(应纳)税额	合计 销售额	销项(应纳)税额	价税合计	服务、不动产和无形资产扣除项目本期实际扣除金额	扣除后 含税(免税)销售额	销项(应纳)税额
		1	2	3	4	5	6	7	8	9=1+3+5+7	10=2+4+6+8	11=9+10	12	13=11-12	14=13÷(100%+税率或征收率)×税率或征收率
一、一般计税方法征税 全部征税项目	17%税率的货物及加工修理修配劳务 1														—
	17%税率的有形动产租赁服务 2													—	—
	13%税率 3													—	—
	11%税率 4													—	—
	6%税率 5													—	—
其中：即征即退项目	即征即退货物及加工修理修配劳务 6				—		—					—	—	—	—
	即征即退应税服务 7		—	—	—	—	—					—	—	—	—
二、简易计税方法征税 全部征税项目	6%征收率 8		—	—	—	—	—					—	—	—	—
	5%征收率 9		—	—	—	—	—					—	—	—	—
	4%征收率 10		—	—	—	—	—					—	—	—	—
	3%征收率的货物及加工修理修配劳务 11														—
	3%征收率的应税服务 12													—	—

项目		序号											
即征即退货物及加工修理修配劳务		13	—	—	—	—	—	—	—	—	—	—	—
其中：即征即退项目	即征即退应税服务	14	—	—	—	—	—	—	—	—	—	—	—
三、免抵退税	货物及加工修理修配劳务	15	—	—	—	—	—	—	—	—	—	—	—
	应税服务	16	—	—	—	—	—	—	—	—	—	—	—
四、免税	货物及加工修理修配劳务	17	—	—	—	—	—	—	—	—	—	—	—
	应税服务	18	—	—	—	—	—	—	—	—	—	—	—

表 3.10 增值税纳税申报表附列资料(表 2)

(本期进项税额明细)

税款所属时间: 年 月

纳税人名称:(公章) 填表日期: 年 月 日 金额单位:元至角分

一、申报抵扣的进项税额

项目	栏次	份数	金额	税额
(一)认证相符的增值税专用发票	1 = 2 + 3			
其中:本期认证相符且本期申报抵扣	2			
前期认证相符且本期申报抵扣	3			
(二)其他扣税凭证	4 = 5 + 6 + 7 + 8			
其中:海关进口增值税专用缴款书	5			
农产品收购发票或者销售发票	6			
代扣代缴税收缴款凭证	7			
其他	8			
(三)本期用于构建不动产的扣税凭证	9	—	—	—
(四)本期不动产允许抵扣进项税额	10			
(五)外贸企业进项税额抵扣证明	11	—	—	
当期申报抵扣进项税额合计	12 = 1 + 4 + 9 + 10 + 11			

二、进项税额转出额

项目	栏次	税额
本期进项税转出额	13	
其中:免税项目用	14	
集体福利、个人消费	15	
非正常损失	16	
按简易征收办法征税项目用	17	
免抵退税办法出口货物不得抵扣进项税额	18	
纳税检查调减进项税额	19	
红字专用发票通知单注明的进项税额	20	
上期留底税额抵减欠税	21	
上期留底税额退税	22	
其他应作进项税额转出的情形	23	

续表

三、待抵扣进项税额				
项目	栏次	份数	金额	税额
(一)认证相符的增值税专用发票	24	—	—	—
期初已认证相符但未申报抵扣	25			
本期认证相符且本期未申报抵扣	26			
期末已认证相符但未申报抵扣	27			
其中:按照税法规定不允许抵扣	28			
(二)其他扣税凭证	29＝30至33之和			
其中:海关进口增值税专用缴款书	30			
农产品收购发票或者销售发票	31			
代扣代缴税收通用缴款书	32			
运输费用结算单据	33			
其他	34	—	—	—

四、其他				
项目	栏次	份数	金额	税额
本期认证相符的全部防伪税控增值税专用发票	35			
期初已征税款挂账额	36	—	—	—
期初已征税款余额	37	—	—	—
代扣代缴税额	38	—	—	

表 3.11　本期抵扣进项税额结构明细表

税款所属时间：　　　年　月　日至　　　年　月　日

纳税人名称：(公章)　　　　　　　　　　　　　　　　　　　　　　　　金额单位：元至角分

项目	栏次	金额	税额
合计	1 = 2 + 4 + 5 + 11 + 16 + 18 + 27 + 29 + 30		
一、按税率或征收率归集(不包括购建不动产、通行费)的进项			
17% 税率的进项	2		
其中：有形动产租赁的进项	3		
13% 税率的进项	4		
11% 税率的进项	5		
其中：运输服务的进项	6		
电信服务的进项	7		
建筑安装服务的进项	8		
不动产租赁服务的进项	9		
受让土地使用权的进项	10		
6% 税率的进项	11		
其中：电信服务的进项	12		
金融保险服务的进项	13		
生活服务的进项	14		
取得无形资产的进项	15		
5% 征收率的进项	16		
其中：不动产租赁服务的进项	17		
3% 征收率的进项	18		
其中：货物及加工、修理修配劳务的进项	19		
运输服务的进项	20		
电信服务的进项	21		
建筑安装服务的进项	22		
金融保险服务的进项	23		
有形动产租赁服务的进项	24		
生活服务的进项	25		
取得无形资产的进项	26		
减按 1.5% 征收率的进项	27		
	28		
二、按抵扣项目归集的进项			
用于购建不动产并一次性抵扣的进项	29		
通行费的进项	30		
	31		
	32		

表3.12 税（费）通用申报表

纳税人识别号：

纳税人名称：

行次	征收项目	征收品目	征收子目	税（费）款所属期起	税（费）款所属期止	收入总额或总数量（原值、缴费基数）	减除项	应税所得率	计税（费）依据	税（费）率或单位税额	速算扣除数	本期应纳税（费）额	减免性质代码	减免税（费）额	本期已缴税（费）额	本期应补（退）税（费）额
1																
2																
3																

表 3.13　电子缴税凭证

电子缴税凭证

填发日期:20170815　　　　缴税日期:20170810　　　　电子交易流水号:0000011197570931

纳税人代码:51442000570101234X　　　　　　　征税机关:国税直属分局

纳税人全称:中山市雨泽服装有限公司　　　　　开户行:中国工商银行沙溪支行

缴款账号:37000000800660000123　　　　　　　国库

税种(品目名称)	预算科目、预算级次	税款所属期	实缴金额
增值税(商业 17%)	101010106,67	20170701—20170731	
金额合计	(大写)		
备　注			

主办:　　　　　　　复核:　　　　　　　　　　　经办:

表 3.14　电子缴税凭证

电子缴税凭证

填发日期:20170815　　　　缴税日期:20170810　　　　电子交易流水号:0000011197570932

纳税人代码:51442000570101234X　　　　　　　征税机关:中山市地方税务局沙溪分局

纳税人全称:中山市雨泽服装有限公司　　　　　开户行:中国工商银行沙溪支行

缴款账号:37000000800660000123　　　　　　　国库

税种(品目名称)		预算科目、预算级次	税款所属期	实缴金额
城市维护建设税	市区(增值税附征)	101090603	20170701—20170731	
地方教育费附加	增值税地方教育费附加	103021621	20170701—20170731	
教育费附加	增值税教育费附加	10302030103	20170701—20170731	
金额合计		(大写)		
备　注				

主办:　　　　　　　复核:　　　　　　　　　　　经办:

表 3.15　记账凭证

摘要	会计科目		借方金额	贷方金额	记账
	总账科目	明细科目	亿 千 百 十 万 千 百 十 元 角 分	亿 千 百 十 万 千 百 十 元 角 分	
附件　　　张	合　　计				

会计主管　　　　　记账　　　　　出纳　　　　　审核　　　　　制证

表 3.16　记账凭证

摘要	会计科目		借方金额	贷方金额	记账
	总账科目	明细科目	亿 千 百 十 万 千 百 十 元 角 分	亿 千 百 十 万 千 百 十 元 角 分	
附件　　　张	合　　计				

会计主管　　　　　记账　　　　　出纳　　　　　审核　　　　　制证

表 3.17　记账凭证

记　账　凭　证　　　　　　　　　日　　　　　　字第　　号

摘要	会计科目		借方金额											贷方金额											记账
	总账科目	明细科目	亿	千	百	十	万	千	百	十	元	角	分	亿	千	百	十	万	千	百	十	元	角	分	
附件　　张	合　　计																								

会计主管　　　　　　记账　　　　　　出纳　　　　　　审核　　　　　　制证

表 3.18　记账凭证

记　账　凭　证　　　　　　　　　日　　　　　　字第　　号

摘要	会计科目		借方金额											贷方金额											记账
	总账科目	明细科目	亿	千	百	十	万	千	百	十	元	角	分	亿	千	百	十	万	千	百	十	元	角	分	
附件　　张	合　　计																								

会计主管　　　　　　记账　　　　　　出纳　　　　　　审核　　　　　　制证

表 3.19　记账凭证

记账凭证

日　　　　　　　　　字第　　号

摘要	会计科目		借方金额										贷方金额										记账
	总账科目	明细科目	亿	千	百	十	万	千	百	十	元	角	分	亿	千	百	十	万	千	百	十	元	角	分	
附件　　张	合　计																								

会计主管　　　　　记账　　　　　出纳　　　　　审核　　　　　制证

表 3.20　记账凭证

记账凭证

日　　　　　　　　　字第　　号

摘要	会计科目		借方金额										贷方金额										记账
	总账科目	明细科目	亿	千	百	十	万	千	百	十	元	角	分	亿	千	百	十	万	千	百	十	元	角	分	
附件　　张	合　计																								

会计主管　　　　　记账　　　　　出纳　　　　　审核　　　　　制证

表 3.21　记账凭证

记账凭证

广　市财政局　监　制　标准会计凭证账系列

　　　　　　　　日　　　　　　　字第　　号

摘要	会计科目		借方金额											贷方金额											记账
	总账科目	明细科目	亿	千	百	十	万	千	百	十	元	角	分	亿	千	百	十	万	千	百	十	元	角	分	
附件　　张	合　　计																								

会计主管　　　　　　记账　　　　　　出纳　　　　　　审核　　　　　　制证

表 3.22　记账凭证

记账凭证

广　市财政局　监　制　标准会计凭证账系列

　　　　　　　　日　　　　　　　字第　　号

摘要	会计科目		借方金额											贷方金额											记账
	总账科目	明细科目	亿	千	百	十	万	千	百	十	元	角	分	亿	千	百	十	万	千	百	十	元	角	分	
附件　　张	合　　计																								

会计主管　　　　　　记账　　　　　　出纳　　　　　　审核　　　　　　制证

表 3.23　记账凭证

摘要	会计科目		借方金额											贷方金额											记账
	总账科目	明细科目	亿	千	百	十	万	千	百	十	元	角	分	亿	千	百	十	万	千	百	十	元	角	分	
附件　　张	合　　计																								

会计主管　　　　　记账　　　　　出纳　　　　　审核　　　　　制证

表 3.24　记账凭证

记　　账　　凭　　证
广州市财政局监制
标准会计凭证账簿系列　　　日　　　　　　字第　　号

摘要	会计科目		借方金额											贷方金额											记账
	总账科目	明细科目	亿	千	百	十	万	千	百	十	元	角	分	亿	千	百	十	万	千	百	十	元	角	分	
附件　　张	合　　计																								

会计主管　　　　　记账　　　　　出纳　　　　　审核　　　　　制证

任务3 建筑服务业纳税申报

3.3.1 知识背景

纳税人兼营销售货物、劳务、服务、无形资产或者不动产,适用不同税率或者征收率的,应当分别核算适用不同税率或者征收率的销售额;未分别核算的,从高适用税率。

增值税一般纳税人销售建筑材料适用一般计税方法,税率是17%;提供建筑服务,适用一般计税方法计税,税率是11%;一般纳税人以清包工方式提供的建筑服务,可以选择适用简易计税方法计税,应以取得的全部价款和价外费用为销售额,按照3%的征收率计算应纳税额,不得抵扣进项税额;企业将取得工程后将工程分包的,应以企业取得全部价款和价外费用计算销售额,不得扣除分包款,但是,如果该分包款取得增值税专用发票,则可以按规定进行进项税额抵扣。

营业税改增值税之前,建筑服务业按3%的税率计算应纳税额。

3.3.2 任务目标

①正确填写包含兼营业务、采用简易计税办法的增值税纳税申报表。
②掌握固定资产抵扣进项税的申报方法和账务处理方法。
③掌握建筑业业务特点,并正确处理建筑业增值税纳税事项。
④掌握不同计税办法下增值税业务的账务处理。

3.3.3 任务角色

办税员、国税局税管员、会计、会计主管、出纳、地税局税管员。

3.3.4 任务资料

中山市大和建筑装饰有限公司是一家从事建筑装饰、设计等为一体的公司,属一般纳税人,税号:9144200012345672X,地址:中山市东苑路8号。以下是该公司2017年8月发生的业务资料:

1)销售业务

①销售建筑材料一批,收到货款。如图3.19所示。

广东增值税专用发票

此联不作报销、扣税凭证使用

No **23536511** 4400154130
4400154130
23536511

开票日期：2017年08月08日

	名　　称：中山市星河房地产有限公司							
购买方	纳税人识别号：9144200075564321U							
	地址、电话：中山市三乡镇金山大道　0760-88361668							
	开户行及账号：中国工商银行中山分行 2011027109200011113							

货物或应税劳务、服务名称	规格型号	单位	数量	单价	金　额	税率	税额
	800×800	块	10 000	18	180 000.00	17%	30 600
全抛釉瓷砖蓝色海洋地砖							

价税合计（大写）	⊕贰拾壹万零陆佰圆整	（小写）￥210 600.00

	名　　称：中山市大和建筑装饰有限公司	
销售方	纳税人识别号：9144200012345672X	备注
	地址、电话：中山市东苑路 8 号	
	开户行及账号：中国工商银行中山东区支行 2011027109212345678	

收款人：刘芳菲　　　　复核：徐颖　　　　开票人：赵飞燕　　　　销售方：发票专用章

图 3.19　增值税专用发票记账联

②提供建筑安装工程，货款未收。如图 3.20 所示。

广东增值税专用发票

此联不作报销、扣税凭证使用

No **23536512** 4400154130
4400154130
23536512

开票日期：2017年08月15日

	名　　称：中山市新美房地产发展有限公司	
购买方	纳税人识别号：9144200075531318SU	
	地址、电话：中山市坦洲镇　0760-88225599	
	开户行及账号：中国工商银行中山分行 2011025103700099765	

货物或应税劳务、服务名称	规格型号	单位	数量	单价	金　额	税率	税额
小区外墙贴砖		项	1	500 000	500 000.00	11%	55 000.00

价税合计（大写）	⊕伍拾伍万伍仟圆整	（小写）￥555 000.00

	名　　称：中山市大和建筑装饰有限公司	
销售方	纳税人识别号：9144200012345672X	备注
	地址、电话：中山市东苑路 8 号	
	开户行及账号：中国工商银行中山东区支行 2011027109212345678	

收款人：　　　　复核：徐颖　　　　开票人：赵飞燕　　　　销售方：发票专用章

图 3.20　增值税专用发票记账联

税总函【2015】341号海南华森实业公司

③清包工方式提供装饰设计工程,货款未收。如图 3.21 所示。

图 3.21　增值税专用发票记账联

④签订建筑工程合同,开出发票,货款未收。如图 3.22 所示。

图 3.22　增值税专用发票记账联

2)采购业务

①购买原材料用于销售业务,如图 3.23 和图 3.24 所示。一般工程项目,并支付货款,如图 3.25 所示。

图 3.23　增值税专用发票抵扣联

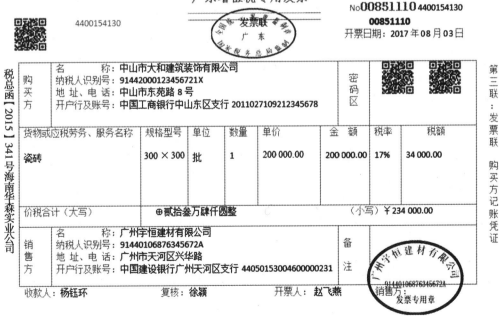

图 3.24　增值税专用发票发票联

币别：人民币		2017 年 08 月 03 日			流水号：4402700010A987654BY		
付款人	全称	中山市大和建筑装饰有限公司		收款人	全称	广州宇恒建材有限公司	
	账号	2011027109212345678			账号	44050153004600000231	
	开户行	中国工商银行中山东区支行			开户行	中国建设银行广州天河区支行	
金额		（大写）贰拾叁万肆仟圆整				（小写）￥234 000.00	
凭证种类		电汇凭证		凭证号码			
结算方式		转账		用途		货款	

汇款交易日期：20170803　支付清算业务类型：A100
汇款合约编号：0330520170808283 9876541
实际收款人账户：44050153004600000231
实际收款人户名：广州宇恒建材有限公司
实际收款人汇入行：中国建设银行广州天河区支行
汇出行行名：中国工商银行中山东区支行
汇款备注：货款

打印柜员：440780322z01
打印机构：东区支行
打印卡号：9553503240170118

汇款附言：20170803

打印时间：2017-08-05　16:14:44　　交易柜员：99999999　　交易机构：4402700001

图 3.25　转账凭证

②购买固定资产用于销售业务②的一般工程项目，款已预付。如图 3.26 和图 3.27
所示。

图 3.26　增值税专用发票抵扣联

广东增值税专用发票

No.00851111 4400154130

4400154130

发票联

广东

00851111

开票日期：2017年08月03日

第三联：发票联 购买方记账凭证

购买方	名　称：中山市大和建筑装饰有限公司 纳税人识别号：9144200012345672 1X 地址、电话：中山市东苑路8号 开户行及账号：中国工商银行中山东区支行 20110271092123456 78						密码区	

货物或应税劳务、服务名称	规格型号	单位	数量	单价	金额	税率	税额
脚手架		批	1	50 000.00	50 000.00	17%	8 500.00
价税合计（大写）			⊕伍万捌仟伍佰圆整			（小写）￥58 500.00	

销售方	名　称：广州宇恒建材有限公司 纳税人识别号：91440106876345672A 地址、电话：广州市天河区兴华路 开户行及账号：中国建设银行广州天河支行 44050153004600000231					备注	广州宇恒建材有限公司 91440106876345672A 发票专用章

收款人：杨钰环　　　复核：徐颖　　　开票人：赵飞燕　　　销售方：

税总函【2015】341号海南华森实业公司

图3.27　增值税专用发票发票联

③将销售业务④分包，并取得增值税专用发票，款未付。如图3.28和图3.29所示。

广东增值税专用发票

No.23536513 4400154130

4400154130

抵扣联

广东

23536513

开票日期：2017年08月15日

第二联：抵扣联 购买方扣税凭证

购买方	名　称：中山市大和建筑装饰有限公司 纳税人识别号：9144200012345672 1X 地址、电话：中山市东苑路8号 开户行及账号：中国工商银行中山东区支行 20110271092123456 78						密码区	

货物或应税劳务、服务名称	规格型号	单位	数量	单价	金额	税率	税额
建筑工程		项	1	300 000.00	300 000.00	11%	33 000.00
价税合计（大写）			⊕叁拾叁万叁仟圆整			（小写）￥333 000.00	

销售方	名　称：中山市大同建筑工程有限公司 纳税人识别号：9144200087654321 1X 地址、电话：中山市博爱一路　0760-88556611 开户行及账号：中国建设银行中山东区支行 44050153001234564321					备注	中山市大同建筑工程有限公司 9144200087654321 1X 发票专用章

收款人：　　　复核：徐颖　　　开票人：赵飞燕　　　销售方：

税总函【2015】341号海南华森实业公司

图3.28　增值税专用发票抵扣联

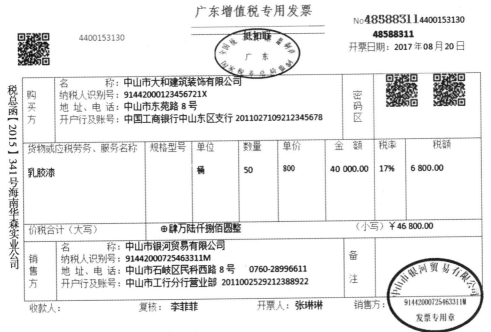

广东增值税专用发票

No23536513 4400154130

4400154130

发票联
广东

23536513

开票日期：2017 年 08 月 15 日

税总函【2015】341号海南华森实业公司

第三联：发票联 购买方记账凭证

购买方	名　　称：中山市大和建筑装饰有限公司 纳税人识别号：9144200012345 6721X 地　址、电话：中山市东苑路 8 号 开户行及账号：中国工商银行中山东区支行 2011027109212345678					密码区		
货物或应税劳务、服务名称	规格型号	单位	数量	单价	金　额	税率	税额
建筑工程		项	1	300 000.00	300 000.00	11%	33 000.00
价税合计（大写）	⊕叁拾叁万叁仟圆整				（小写）￥333 000.00		
销售方	名　　称：中山市大同建筑工程有限公司 纳税人识别号：91442000876543211X 地　址、电话：中山市博爱一路　0760-88556611 开户行及账号：中国建设银行中山东区支行 44050153001234564321					备注	

收款人：　　　　复核：徐颖　　　　开票人：赵飞燕　　　　销售方：

图 3.29　增值税专用发票发票联

④购入辅助原材料用于以上销售业务③，款未付。如图 3.30 和图 3.31 所示。

广东增值税专用发票

No48588311 4400153130

4400153130

抵扣联
广东

48588311

开票日期：2017 年 08 月 20 日

税总函【2015】341号海南华森实业公司

第二联：抵扣联 购买方扣税凭证

购买方	名　　称：中山市大和建筑装饰有限公司 纳税人识别号：9144200012345 6721X 地　址、电话：中山市东苑路 8 号 开户行及账号：中国工商银行中山东区支行 2011027109212345678					密码区		
货物或应税劳务、服务名称	规格型号	单位	数量	单价	金　额	税率	税额
乳胶漆		桶	50	800	40 000.00	17%	6 800.00
价税合计（大写）	⊕肆万陆仟捌佰圆整				（小写）￥46 800.00		
销售方	名　　称：中山市银河贸易有限公司 纳税人识别号：91442000725463311M 地　址、电话：中山市石岐区民科西路 8 号　0760-28996611 开户行及账号：中山市工行分行营业部 2011002529212388922					备注	

收款人：　　　　复核：李菲菲　　　　开票人：张琳琳　　　　销售方：

图 3.30　增值税专用发票抵扣联

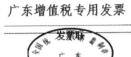

广东增值税专用发票

No4858831l 4400153130
4400153130

发票联

48588311

开票日期：2017 年08 月20 日

购买方	名　　称：中山市大和建筑装饰有限公司 纳税人识别号：9144200012345672IX 地　址、电　话：中山市东苑路 8 号 开户行及账号：中国工商银行中山东区支行 20110271092123456 78	密码区	

货物或应税劳务、服务名称	规格型号	单位	数量	单价	金　额	税率	税额
乳胶漆		桶	50	800	40 000.00	17%	6 800.00

价税合计（大写）	⊕肆万陆仟捌佰圆整	（小写）￥46 800.00

销售方	名　　称：中山市银河贸易有限公司 纳税人识别号：91442000725463311M 地　址、电　话：中山市石岐区民科西路 8 号　0760-28996611 开户行及账号：中山市工行分行营业部 20110025292123889 22	备注	

收款人：　　　　复核：李菲菲　　　　开票人：张琳琳　　　　销售方：

图 3.31　增值税专用发票发票联

3）大和公司 2017 年 8 月没有期初留抵税额

3.3.5　任务书

1）任务列表

如表 3.25 所示。

表 3.25　任务表

子任务		任务描述	任务指导
（一）	进项发票认证	1.2017 年 8 月 30 日,办税员整理、装订增值税发票进项联并登录增值税发票选择确认平台进行认证。 2.国税局税管员审核大和公司认证的发票并制作《认证结果通知书》和《认证结果清单》。	大和公司的纳税信用等级是 B 级,可以采用通过在增值税发票选择确认平台进行勾选认证。

续表

子任务		任务描述	任务指导
（二）	申报缴纳增值税	1.2017 年 9 月 10 日,办税员登录国税局申报系统填报《增值税申报表》及附表。 2.国税局税管员审核纳税申报表,填发电子缴税凭证并传递到银行扣款。	1.大和公司有两种计税方法:一般计税方法,适用 17% 和 11% 税率;简易方法适用征收率 3%。应分别填报纳税申报表。 2.按照规定,2016 年 5 月 1 日后取得的不动产,其进项税额应自取得之日起分 2 年从销项税额中抵扣。第一年抵扣比例为 60%,第二年抵扣比例为 40%。 3.大和公司未经认证的进项税额不得在本期抵扣。 4.原营业税纳税人在填报申报表时还需要同时填报《营改增税负分析测算明细表》。
（三）	申报缴纳附加税	1.2017 年 9 月 10 日,办税员登录地税局申报系统填报附加税申报表。 2.地税局税管员审核纳税申报表,填发电子缴税凭证并传递到银行扣款。	随同增值税一起缴纳的附加税有:城市维护建设税、教育费附加和地方教育费附加。附加税在地方税务局申报缴纳。

2）任务表格

《认证结果通知书》《发票认证结果清单》《增值税纳税申报表》及附表共 7 张,《税（费）通用申报表》1 张,电子缴税凭证 2 张。如表 3.28～表 3.37 所示。

表3.26 认证结果通知书

认证结果通知书

_____有限公司:

(登记序号: 税务登记号:)

你单位于_____年___月报送的防伪税控系统开具的专用发票抵扣联共_____份(不含重复认证和未通过认证的发票份数)。认证情况如下(详见所附清单):

认证结果	发票份数	金额	税额
认证相符			
过期认证			

_____年___月___日

注:1.过期认证的专用发票不可用于抵扣进项税额或出口退税。

2.请将认证相符专用发票抵扣联与本通知书一起装订成册,作为纳税检查的被查资料。

3.如有疑问,请及时与主管税务机关联系。

表3.27 发票认证结果清单

专用发票认证结果清单(认证相符)

所属年月:_____年___月

企业名称:_____ 纳税人识别号:_____

序 号	发票代码	发票号码	开票日期	销货方识别号	金 额	税 额

专用发票认证结果清单(过期认证)

所属年月:_____年___月

企业名称:_____ 纳税人识别号:_____

序 号	发票代码	发票号码	开票日期	销货方识别号	金 额	税 额

表 3.28 增值税纳税申报表

(适用于增值税一般纳税人)

纳税人识别号: 　　　　　　　纳税人名称:

税款所属时间:自　年　月　日至　年　月　日　填表日期:　年　月　日　金额单位:元至角分

项 目		栏 次	一般货物及劳务		即征即退货物及劳务	
			本月数	本年累计	本月数	本年累计
销售额	(一)按适用税率征税货物及劳务销售额	1				
	其中:应税货物销售额	2				
	应税劳务销售额	3				
	纳税检查调整的销售额	4				
	(二)按简易征收办法征税货物销售额	5				
	其中:纳税检查调整的销售额	6				
	(三)免、抵、退办法出口货物销售额	7			—	—
	(四)免税货物及劳务销售额	8				
	其中:免税货物销售额	9				
	免税劳务销售额	10			—	—
税款计算	销项税额	11				
	进项税额	12				
	上期留抵税额	13		—		—
	进项税额转出	14				
	免抵退货物应退税额	15			—	—
	按适用税率计算的纳税检查应补缴税额	16			—	—
	应抵扣税额合计	17 = 12 + 13 − 14 − 15 + 16			—	—
	实际抵扣税额	18(如 17 < 11,则为 17,否则为 11)				
	应纳税额	19 = 11 − 18				
	期末留抵税额	20 = 17 − 18			—	—
	按简易征收办法计算的应纳税额	21				
	按简易征收办法计算的纳税检查应补缴税额	22				
	应纳税额减征额	23				
	应纳税额合计	24 = 19 + 21 − 23				

续表

项 目		栏 次	一般货物及劳务		即征即退货物及劳务	
			本月数	本年累计	本月数	本年累计
税款缴纳	期初未缴税额(多缴为负数)	25				
	实收出口开具专用缴款书退税额	26			—	—
	本期已缴税额	27 = 28 + 29 + 30 + 31				
	①分次预缴税额	28			—	—
	②出口开具专用缴款书预缴税额	29			—	—
	③本期缴纳上期应纳税额	30				
	④本期缴纳欠缴税额	31				
	期末未缴税额(多缴为负数)	32 = 24 + 25 + 26 − 27				
	其中:欠缴税额(≥0)	33 = 25 + 26 − 27			—	—
	本期应补(退)税额	34 = 24 − 28 − 29			—	—
	即征即退实际退税额	35	—	—		
	期初未缴查补税额	36			—	—
	本期入库查补税额	37			—	—
	期末未缴查补税额	38 = 16 + 22 + 36 − 37			—	—

授权声明	如果你已委托代理人申报,请填写下列资料: 　　为代理一切税务事宜,现授权 　　　　　　　　　　　　　(地址) 　　为本纳税人的代理申报人,申报表有关的往来文件,都可寄予此人。 　　　　　　　　授权人签字:	申报人声明	此纳税申报表是根据《中华人民共和国增值税暂行条例》的规定填写的,是真实的、可靠的、完整的。 　　　　　　声明人签字:

以下由税务机关填定:

收到日期:　　　　　　　　　　接收人:　　　　　　　　主管税务机关盖章:

表 3.29　增值税纳税申报表附列资料（表 1）

（本期销售情况明细）

税款所属时间：　　年　　月　　日至　　年　　月　　日

纳税人名称：（公章）

金额单位：元至角分

项目及栏次			开具税控增值税专用发票 销售额	销项(应纳)税额	开具其他发票 销售额	销项(应纳)税额	未开具发票 销售额	销项(应纳)税额	纳税检查调整 销售额	销项(应纳)税额	合计 销售额	销项(应纳)税额	价税合计	服务、不动产和无形资产扣除项目本期实际扣除金额	扣除后 含税(免税)销售额	销项(应纳)税额
			1	2	3	4	5	6	7	8	$9=1+3+5+7$	$10=2+4+6+8$	$11=9+10$	12	$13=11-12$	$14=13÷(100\%+税率或征收率)×税率或征收率$
一、一般计税方法征税	全部征税项目	17%税率的货物及加工修理修配劳务	1													
		17%税率的有形动产租赁服务	2													
		13%税率	3													
		11%税率	4													
		6%税率	5													
	其中:即征即退项目	即征即退货物及加工修理修配劳务	6	—	—	—	—	—	—	—	—	—	—	—	—	—
		即征即退应税服务	7	—	—	—	—	—	—	—	—	—	—	—	—
二、简易计税方法征税	全部征税项目	6%征收率	8	—	—	—	—	—	—	—	—	—	—	—	—
		5%征收率	9	—	—	—	—	—	—	—	—	—	—	—	—
		4%征收率	10	—	—	—	—	—	—	—	—	—	—	—	—
		3%征收率的货物及加工修理修配劳务	11	—	—	—	—	—	—	—	—	—	—	—	—
	其中:即征即退项目	3%征收率的应税服务	12	—	—	—	—	—	—	—	—	—	—	—	—

其中:即征即退项目	即征即退货物及加工修理修配劳务	13	—	—	—	—	—	—	—	—	—	—	—	—
	即征即退应税服务	14	—	—	—	—	—	—	—	—	—	—	—	—
三、免抵退税	货物及加工修理修配劳务	15	—	—	—	—	—	—	—	—	—	—	—	—
	应税服务	16	—	—	—	—	—	—	—	—	—	—	—	—
四、免税	货物及加工修理修配劳务	17	—	—	—	—	—	—	—	—	—	—	—	—
	应税服务	18	—	—	—	—	—	—	—	—	—	—	—	—

表 3.30　增值税纳税申报表附列资料(表 2)

(本期进项税额明细)

税款所属时间：　　　年　　月

纳税人名称:(公章)　　　　　　　　　填表日期：　　　年　　月　　日　　　　金额单位:元至角分

一、申报抵扣的进项税额

项目	栏次	份数	金额	税额
(一)认证相符的增值税专用发票	1 = 2 + 3			
其中:本期认证相符且本期申报抵扣	2			
前期认证相符且本期申报抵扣	3			
(二)其他扣税凭证	4 = 5 + 6 + 7 + 8			
其中:海关进口增值税专用缴款书	5			
农产品收购发票或者销售发票	6			
代扣代缴税收缴款凭证	7			
其他	8			
(三)本期用于构建不动产的扣税凭证	9	—	—	—
(四)本期不动产允许抵扣进项税额	10	—	—	—
(五)外贸企业进项税额抵扣证明	11	—	—	
当期申报抵扣进项税额合计	12 = 1 + 4 + 9 + 10 + 11			

二、进项税额转出额

项目	栏次	税额
本期进项税转出额	13	
其中:免税项目用	14	
集体福利、个人消费	15	
非正常损失	16	
按简易征收办法征税项目用	17	
免抵退税办法出口货物不得抵扣进项税额	18	
纳税检查调减进项税额	19	
红字专用发票通知单注明的进项税额	20	
上期留底税额抵减欠税	21	
上期留底税额退税	22	
其他应作进项税额转出的情形	23	

续表

三、待抵扣进项税额				
项目	栏次	份数	金额	税额
(一)认证相符的增值税专用发票	24	—	—	—
期初已认证相符但未申报抵扣	25			
本期认证相符且本期未申报抵扣	26			
期末已认证相符但未申报抵扣	27			
其中:按照税法规定不允许抵扣	28			
(二)其他扣税凭证	29 = 30 至 33 之和			
其中:海关进口增值税专用缴款书	30			
农产品收购发票或者销售发票	31			
代扣代缴税收通用缴款书	32			
运输费用结算单据	33			
其他	34	—	—	—

四、其他				
项目	栏次	份数	金额	税额
本期认证相符的全部防伪税控增值税专用发票	35			
期初已征税款挂账额	36	—	—	
期初已征税款余额	37	—	—	
代扣代缴税额	38	—	—	

表 3.31　本期抵扣进项税额结构明细表(表 3)

税款所属时间：　　　年　月　日至　　　年　月　日

纳税人名称:(公章)　　　　　　　　　　　　　　　　　　　　金额单位:元至角分

项目	栏次	金额	税额
合计	1 = 2 + 4 + 5 + 11 + 16 + 18 + 27 + 29 + 30		
一、按税率或征收率归集(不包括购建不动产、通行费)的进项			
17%税率的进项	2		
其中:有形动产租赁的进项	3		
13%税率的进项	4		
11%税率的进项	5		
其中:运输服务的进项	6		
电信服务的进项	7		
建筑安装服务的进项	8		
不动产租赁服务的进项	9		
受让土地使用权的进项	10		
6%税率的进项	11		
其中:电信服务的进项	12		
金融保险服务的进项	13		
生活服务的进项	14		
取得无形资产的进项	15		
5%征收率的进项	16		
其中:不动产租赁服务的进项	17		
3%征收率的进项	18		
其中:货物及加工、修理修配劳务的进项	19		
运输服务的进项	20		
电信服务的进项	21		
建筑安装服务的进项	22		
金融保险服务的进项	23		
有形动产租赁服务的进项	24		
生活服务的进项	25		
取得无形资产的进项	26		
减按1.5%征收率的进项	27		
	28		
二、按抵扣项目归集的进项			
用于购建不动产并一次性抵扣的进项	29		
通行费的进项	30		
	31		
	32		

表 3.32　增值税纳税申报表附列资料(表 4)

(税额抵减情况表)

税款所属时间：　　　年　　月　　日至　　　年　　月　　日

纳税人名称：　　　　　　　　　　　　　　　　　　　　　　金额单位:元至角分

序号	抵减项目	期初余额	本期发生额	本期应抵减税额	本期实际抵减税额	期末余额
		1	2	3 = 1 + 2	4 ≤ 3	5 = 3 − 4

表 3.33　固定资产进项税额抵扣情况表

纳税人识别号：　　　　　　　　　纳税人名称(公章)：

填表日期：　　　年　　月　　日　　　　　　　　　　金额单位:元至角分

项　目	当期申报抵扣的固定资产进项税额	当期申报抵扣的固定资产进项税额累计
增值税专用发票		
海关进口增值税专用缴款书		
合　计		

注:本表一式两份,一份纳税人留存,一份主管税务机关留存。

表3.34 营改增税负分析测算明细表

税款所属时间: 年 月 日至 年 月 日

纳税人名称:(公章)

金额单位:元至角分

项目及栏次			增值税							营业税						
						服务、不动产和无形资产项目本期实际扣除金额	扣除后		增值税应纳税额(测算)	原营业税税制下服务、不动产、无形资产差额扣除项目					应营业额	营业税应纳税额
应税项目代码及名称	增值税税率或征收率	营业税税率	不含税销售额	销项(应纳)税额	价税合计		含税销售额	销项(应纳)税额		期初余额	本期发生额	本期应扣除金额	本期实际扣除金额	期末余额		
			1	2 = 1 × 增值税税率或征收率	3 = 1+2	4	5 = 3−4	6=5÷(100% + 增值税税率或征收率)×增值税税率或征收率	7	8	9	10 = 8+9	11(11≤10 且 11≤10)	12 = 10−11	13 = 3−11	14 = 13 × 营业税税率
—	—															
合计																

表 3.35　税（费）通用申报表

纳税人识别号：

纳税人名称：

行次	征收项目	征收品目	征收子目	税（费）款所属期起	税（费）款所属期止	收入总额或总数量（原值、缴费基数）	减除项	应税所得率	计税（费）依据	税（费）率或单位税额	速算扣除数	本期应纳税（费）额	减免性质代码	减免税（费）额	本期已缴税（费）额	本期应补（退）税（费）额
1																
2																
3																

表 3.36   电子缴税凭证

电子缴税凭证

填发日期:20170915 　　　缴税日期:20170910 　　　电子交易流水号:0000011197570212
纳税人代码:91442000123456721X 　　　征税机关:国税直属分局
纳税人全称:中山市大和建筑装饰有限公司 　　　开户行:中国工商银行中山东区支行
缴款账号:20110271109212345678 　　　国库

税种(品目名称)	预算科目、预算级次	税款所属期	实缴金额
增值税(建筑业)	101010106,67	20170801—20170831	
金额合计	(大写)		
备　注			

主办: 　　　　　复核: 　　　　　经办:

表 3.37   电子缴税凭证

电子缴税凭证

填发日期:20170915 　　　缴税日期:20170910 　　　电子交易流水号:0000011197570643
纳税人代码:91442000123456721X 　　　征税机关:中山市地方税务局东区分局
纳税人全称:中山市大和建筑装饰有限公司 　　　开户行:中国工商银行中山东区支行
缴款账号:20110271109212345678 　　　国库

税种(品目名称)	预算科目、预算级次	税款所属期	实缴金额
城市维护建设税　市区(增值税附征)	101090603	20170801—20170831	
地方教育费附加　增值税地方教育费附加	103021621	20170801—20170831	
教育费附加　增值税教育费附加	10302030103	20170801—20170831	
金额合计	(大写)		
备　注			

主办: 　　　　　复核: 　　　　　经办:

任务 4　现代服务业纳税申报

3.4.1　知识背景

现代服务,是指围绕制造业、文化产业、现代物流产业等提供技术性、知识性服务的业务活动。包括研发和技术服务、信息技术服务、文化创意服务、物流辅助服务、租赁服务、鉴证咨询服务、广播影视服务、商务辅助服务和其他现代服务。律师事务所提供的法律援助服务属于鉴证咨询服务。一般纳税人适用税率 6%。

印花税的纳税人包括在中国境内书立、领受规定的经济凭证的企业、行政单位、事业单位、军事单位、社会团体、其他单位、个体工商户和其他个人。印花税以应纳税凭证所记载的金额、费用、收入额和凭证的件数为计税依据,按照适用税率或者税额标准计算应纳税额。合同印花税一般按合同金额 0.3‰ 计算缴纳。

①应纳数额 = 应纳税凭证记载的金额(费用、收入额)× 适用税率

②应纳税额 = 应纳税凭证的件数 × 适用税额标准

3.4.2　任务目标

①掌握现代服务业增值税纳税业务的特点,熟练填报申报表以及进行相关业务的账务处理。

②掌握增值税进项税的可抵扣范围,费用发票取得增值税专用发票也可以抵扣。

③掌握费用发票抵扣增值税进项税的账务处理。

④掌握不得开具增值税专用发票的情形。

⑤掌握印花税的征税范围、计算税款方法、申报方法以及账务处理。

3.4.3　任务角色

办税员、国税局税管员、会计、会计主管、出纳、地税局税管员。

3.4.4　任务资料

广东公正律师事务所是由何平丰和肖致和各出资 25 万元成立的合伙企业,属一般纳税人,每月缴纳增值税、城市维护建设税、教育费附加和地方教育费附加以及印花税。公正律师所的税号:514420008785889G,地址:中山市兴文路 79 号,经营范围、刑事辩护、房产土地、债权债务、交通事故、专利商标、劳动工伤、婚姻家庭、法律顾问等法律服务。

1)提供服务资料

①2017 年 9 月与中山市暖阳社工服务机构签订法律顾问合同,合同金额 15 万元。

②2017 年 9 月开具发票如图 3.32 和图 3.33 所示。

给中山市暖阳社工服务机构开具普通发票。

图 3.32　增值税普通发票记账联

图 3.33　增值税普通发票记账联

2)购进服务资料

（1）油费发票

如图 3.34 和图 3.35 所示。

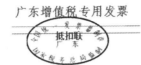

广东增值税专用发票　No**48416310** 4400153130

抵扣联　48416310

4400153130

开票日期：2017 年 09 月 11 日

税03函 [2015] 341 号海南华誉实业大司

第二联：抵扣联　购买方扣税凭证

	名　　称：广东公正律师事务所							
购买方	纳税人识别号：514420008785889G						密码区	
	地址、电话：中山市兴文路 79 号　0760-85111326							
	开户行及账号：中国银行中山分行营业部 641861531513							
货物或应税劳务、服务名称	规格型号	单位	数量	单价	金额	税率	税额	
92 号汽油（国Ⅴ）	60206059	升	30	5.00	150.00	17%	25.5	
95 号汽油（国Ⅴ）	60206060	升	350	5.50	1 925.00	17%	327.25	
价税合计（大写）	⊕贰仟肆佰贰拾柒圆柒角伍分					（小写）￥2 427.75		
销售方	名　　称：中国石化销售有限公司广东中山石油分公司						备注	
	纳税人识别号：442000725464301							
	地址、电话：中山市石岐区民科西路　0760-28131205							
	开户行及账号：中山市工行分行营业部　20110025292998822001							

收款人：梁天强　　　复核：李楠　　　开票人：钟慧　　　销售方：51442442000725464301　发票专用章

图 3.34　增值税专用发票抵扣联

广东增值税专用发票　No**48416310** 4400153130

发票联　48416310

4400153130

开票日期：2017 年 09 月 11 日

税03函 [2015] 341 号海南华誉实业大司

第三联：发票联　采购方记账凭证

	名　　称：广东公正律师事务所							
购买方	纳税人识别号：514420008785889G						密码区	
	地址、电话：中山市兴文路 79 号　0760-85111326							
	开户行及账号：中国银行中山分行营业部 641861531513							
货物或应税劳务、服务名称	规格型号	单位	数量	单价	金额	税率	税额	
92 号汽油（国Ⅴ）	60206059	升	30	5.00	150.00	17%	25.5	
95 号汽油（国Ⅴ）	60206060	升	350	5.50	1 925.00	17%	327.25	
价税合计（大写）	⊕贰仟肆佰贰拾柒圆柒角伍分					（小写）￥2 427.75		
销售方	名　　称：中国石化销售有限公司广东中山石油分公司						备注	
	纳税人识别号：442000725464301							
	地址、电话：中山市石岐区民科西路　0760-28131205							
	开户行及账号：中山市工行分行营业部　20110025292998822001							

收款人：梁天强　　　复核：李楠　　　开票人：钟慧　　　销售方：51442442000725464301　发票专用章

图 3.35　增值税专用发票发票联

（2）住宿费发票

如图 3.36 和图 3.37 所示。

图 3.36 增值税专用发票发票联

图 3.37 增值税专用发票抵扣联

3）公正律师所 9 月没有期初留抵税额

3.4.5　任务书

1）任务列表

如表 3.38 所示。

表 3.38　任务表

子任务		任务描述	任务指导
（一）	采购业务账务处理	1.2017 年 9 月，会计根据取得的进项发票逐张编制记账凭证，凭证日期为业务发生日期。	裁剪并整理好进项发票的记账联，作为附件粘贴在凭证后面，注意判断货款是否支付。
（二）	销售业务账务处理	2.出纳对需要出纳签名的凭证进行签名。 3.会计主管审核记账凭证。	按照规定，增值税一般纳税人向小规模纳税人销售应税项目可以不开具增值税专用发票，向消费者个人销售应税项目不得开具增值税专用发票。
（三）	进项发票认证	1.2017 年 9 月 30 日，办税员整理、装订增值税发票抵扣联并登录增值税发票选择确认平台进行认证。 2.国税局税管员审核公正律师所认证的发票并制作《认证结果通知书》和《认证结果清单》。	公正律师所的纳税信用等级是 B 级，可以采用通过在增值税发票选择确认平台进行勾选认证。
（四）	申报缴纳印花税	1.2017 年 10 月 10 日，办税员登录地税局申报系统填报《印花税纳税申报表》。 2.地税局税管员审核纳税申报表，填发电子缴税凭证并传递到银行扣款。	印花税以应纳税凭证所记载的金额、费用、收入额或凭证的件数为计税依据，按照适用税率或者税额标准计算应纳税额。购销合同按合同金额 0.3‰ 计算缴纳印花税。
（五）	申报缴纳增值税	1.2017 年 10 月 10 日，办税员登录国税局申报系统填报《增值税申报表》及附表。 2.国税局税管员审核纳税申报表，填发电子缴税凭证并传递到银行扣款。	1.公正律师所本月开出的增值税票有专用发票和普通发票两种，应分别列示。 2.原营业税纳税人在填报申报表时还需同时填报《营改增税负分析测算明细表》。
（六）	申报缴纳附加税	1.2017 年 10 月 10 日，办税员登录地税局申报系统填报附加税申报表。 2.地税局税管员审核纳税申报表，填发电子缴税凭证并传递到银行扣款。	随同增值税一起缴纳的附加税有城市维护建设税、教育费和地方教育费附加，附加税在地方税务局申报缴纳。

续表

子任务	任务描述	任务指导
（七） 取得缴税凭证账务处理	1. 2017 年 10 月 15 日，会计根据取得的电子缴税凭证逐张编制记账凭证，凭证日期为业务发生日期。 2. 出纳对需要出纳签名的凭证进行签名。 3. 会计主管审核记账凭证。	裁剪下电子缴税凭证作为记账凭证附件。

2）任务表格

《认证结果通知书》《专用发票认证结果清单》《印花税纳税申报表》《税（费）通用申报表》各 1 张，增值税申报表及附表共 5 张，电子缴税凭证 3 张，记账凭证 9 张。如表 3.39 ~ 表 3.59 所示。

表 3.39　认证结果通知书

认证结果通知书

＿＿＿＿＿＿＿＿有限公司：

（登记序号：　　　　　税务登记号：　　　　　）

你单位于＿＿＿＿年＿＿月报送的防伪税控系统开具的专用发票抵扣联共＿＿＿份（不含重复认证和未通过认证的发票份数）。认证情况如下（详见所附清单）：

认证结果　　　　　　发票份数　　　　　　金额　　　　　税额

认证相符
过期认证

＿＿＿＿＿年＿＿月＿＿日

注：1. 过期认证的专用发票不可用于抵扣进项税额或出口退税。
　　2. 请将认证相符的专用发票抵扣联与本通知书一起装订成册，作为纳税检查的被查资料。
　　3. 如有疑问，请及时与主管税务机关联系。

表3.40 专用发票认证结果清单

专用发票认证结果清单(认证相符)

所属年月:___年___月

企业名称:_____ 纳税人识别号:_____

序 号	发票代码	发票号码	开票日期	销货方识别号	金 额	税 额

专用发票认证结果清单(过期认证)

所属年月:___年___月

企业名称:_____ 纳税人识别号:_____

序 号	发票代码	发票号码	开票日期	销货方识别号	金 额	税 额

表3.41 增值税纳税申报表

(适用于增值税一般纳税人)

纳税人识别号:　　　　　　　　　　纳税人名称:

税款所属时间:自　　年　月　日至　　年　月　日　填表日期:　　年　月　日　金额单位:元至角分

项 目		栏 次	一般货物及劳务		即征即退货物及劳务	
			本月数	本年累计	本月数	本年累计
销售额	(一)按适用税率征税货物及劳务销售额	1				
	其中:应税货物销售额	2				
	应税劳务销售额	3				
	纳税检查调整的销售额	4				
	(二)按简易征收办法征税货物销售额	5				
	其中:纳税检查调整的销售额	6				
	(三)免、抵、退办法出口货物销售额	7			—	—
	(四)免税货物及劳务销售额	8			—	—
	其中:免税货物销售额	9			—	—
	免税劳务销售额	10			—	—

续表

项　目		栏　次	一般货物及劳务		即征即退货物及劳务	
			本月数	本年累计	本月数	本年累计
税款计算	销项税额	11				
	进项税额	12				
	上期留抵税额	13			—	—
	进项税额转出	14				
	免抵退货物应退税额	15			—	—
	按适用税率计算的纳税检查应补缴税额	16			—	—
	应抵扣税额合计	17 = 12 + 13 − 14 − 15 + 16			—	—
	实际抵扣税额	18（如 17 < 11，则为 17，否则为 11）				
	应纳税额	19 = 11 − 18				
	期末留抵税额	20 = 17 − 18			—	—
	按简易征收办法计算的应纳税额	21				
	按简易征收办法计算的纳税检查应补缴税额	22				
	应纳税额减征额	23				
	应纳税额合计	24 = 19 + 21 − 23				
税款缴纳	期初未缴税额(多缴为负数)	25				
	实收出口开具专用缴款书退税额	26			—	—
	本期已缴税额	27 = 28 + 29 + 30 + 31				
	①分次预缴税额	28			—	—
	②出口开具专用缴款书预缴税额	29			—	—
	③本期缴纳上期应纳税额	30				
	④本期缴纳欠缴税额	31				
	期末未缴税额(多缴为负数)	32 = 24 + 25 + 26 − 27				
	其中:欠缴税额（≥0）	33 = 25 + 26 − 27			—	—

续表

项　目		栏　次	一般货物及劳务		即征即退货物及劳务	
			本月数	本年累计	本月数	本年累计
税款缴纳	本期应补(退)税额	34 = 24 - 28 - 29			—	—
	即征即退实际退税额	35	—	—		
	期初未缴查补税额	36			—	—
	本期入库查补税额	37			—	—
	期末未缴查补税额	38 = 16 + 22 + 36 - 37			—	—
授权声明	如果你已委托代理人申报,请填写下列资料: 　　为代理一切税务事宜,现授权 　　　　　　(地址) 　　为本纳税人的代理申报人,申报表有关的往来文件,都可寄予此人。 　　　　　　授权人签字:	申报人声明	此纳税申报表是根据《中华人民共和国增值税暂行条例》的规定填写的,是真实的、可靠的、完整的。 　　　　　　声明人签字:			

以下由税务机关填定:

收到日期:　　　　　　　接收人:　　　　　　　主管税务机关盖章:

表3.42 增值税纳税申报表附列资料(表1)

(本期销售情况明细)

税款所属时间: 年 月 日至 年 月 日

纳税人名称:(公章)

金额单位:元至角分

项目及栏次		开具税控增值税专用发票		开具其他发票		未开具发票		纳税检查调整		合计				扣除后	
		销售额	销项(应纳)税额	销售额	销项(应纳)税额	销售额	销项(应纳)税额	销售额	销项(应纳)税额	销售额	销项(应纳)税额	价税合计	服务、不动产和无形资产扣除项目本期实际扣除金额	含税(免税)销售额	销项(应纳)税额
		1	2	3	4	5	6	7	8	$9=1+3+5+7$	$10=2+4+6+8$	$11=9+10$	12	$13=11-12$	$14=13÷(100\%+$税率或征收率$)×$税率或征收率
一、一般计税方法征税 全部征税项目	17%税率的货物及加工修理修配劳务 1														
	17%税率的有形动产租赁服务 2	—	—	—	—	—	—	—	—	—	—	—	—	—	—
	13%税率 3														
	11%税率 4											—		—	—
	6%税率 5														
其中:即征即退项目	即征即退货物及加工修理修配劳务 6	—	—					—	—			—		—	—
	即征即退应税服务 7	—	—					—	—			—		—	—
二、简易计税方法征税 全部征税项目	6%征收率 8							—	—			—		—	—
	5%征收率 9	—	—					—	—			—		—	—
	4%征收率 10	—	—					—	—			—		—	—
	3%征收率的货物及加工修理修配劳务 11											—		—	—
	3%征收率的应税服务 12											—		—	—

其中：即征即退项目 即征即退货物及加工修理修配劳务	13	—	—	—	—	—	—	—		—	—	—	—	—
即征即退应税服务	14	—	—	—	—	—	—	—		—	—	—	—	—
三、免抵退税 货物及加工修理修配劳务	15	—	—	—	—	—	—	—	—	—	—	—	—	—
应税服务	16	—	—	—	—	—	—	—	—	—	—	—	—	—
四、免税 货物及加工修理修配劳务	17	—	—	—	—	—	—	—	—	—	—	—	—	—
应税服务	18	—	—	—	—	—	—	—	—	—	—	—	—	—

表 3.43 增值税纳税申报表附列资料(表 2)

(本期进项税额明细)

税款所属时间： 年 月

纳税人名称:(公章) 填表日期： 年 月 日 金额单位:元至角分

一、申报抵扣的进项税额

项目	栏次	份数	金额	税额
(一)认证相符的增值税专用发票	1 = 2 + 3			
其中:本期认证相符且本期申报抵扣	2			
前期认证相符且本期申报抵扣	3			
(二)其他扣税凭证	4 = 5 + 6 + 7 + 8			
其中:海关进口增值税专用缴款书	5			
农产品收购发票或者销售发票	6			
代扣代缴税收缴款凭证	7			
其他	8			
(三)本期用于构建不动产的扣税凭证	9	—	—	—
(四)本期不动产允许抵扣进项税额	10	—	—	—
(五)外贸企业进项税额抵扣证明	11	—	—	—
当期申报抵扣进项税额合计	12 = 1 + 4 + 9 + 10 + 11			

二、进项税额转出额

项目	栏次	税额
本期进项税转出额	13	
其中:免税项目用	14	
集体福利、个人消费	15	
非正常损失	16	
按简易征收办法征税项目用	17	
免抵退税办法出口货物不得抵扣进项税额	18	
纳税检查调减进项税额	19	
红字专用发票通知单注明的进项税额	20	
上期留底税额抵减欠税	21	
上期留底税额退税	22	
其他应作进项税额转出的情形	23	

续表

三、待抵扣进项税额				
项目	栏次	份数	金额	税额
(一)认证相符的增值税专用发票	24	—	—	—
期初已认证相符但未申报抵扣	25			
本期认证相符且本期未申报抵扣	26			
期末已认证相符但未申报抵扣	27			
其中:按照税法规定不允许抵扣	28			
(二)其他扣税凭证	29=30至33之和			
其中:海关进口增值税专用缴款书	30			
农产品收购发票或者销售发票	31			
代扣代缴税收通用缴款书	32			
运输费用结算单据	33			
其他	34	—	—	—
四、其他				
项目	栏次	份数	金额	税额
本期认证相符的全部防伪税控增值税专用发票	35			
期初已征税款挂账额	36		—	
期初已征税款余额	37		—	—
代扣代缴税额	38		—	

表 3.44 本期抵扣进项税额结构明细表

税款所属时间：   年 月 日至   年 月 日

纳税人名称:(公章)   金额单位:元至角分

项目	栏次	金额	税额
合计	1 = 2 + 4 + 5 + 11 + 16 + 18 + 27 + 29 + 30		
一、按税率或征收率归集(不包括购建不动产、通行费)的进项			
17% 税率的进项	2		
其中:有形动产租赁的进项	3		
13% 税率的进项	4		
11% 税率的进项	5		
其中:运输服务的进项	6		
电信服务的进项	7		
建筑安装服务的进项	8		
不动产租赁服务的进项	9		
受让土地使用权的进项	10		
6% 税率的进项	11		
其中:电信服务的进项	12		
金融保险服务的进项	13		
生活服务的进项	14		
取得无形资产的进项	15		
5% 征收率的进项	16		
其中:不动产租赁服务的进项	17		
3% 征收率的进项	18		
其中:货物及加工、修理修配劳务的进项	19		
运输服务的进项	20		
电信服务的进项	21		
建筑安装服务的进项	22		
金融保险服务的进项	23		
有形动产租赁服务的进项	24		
生活服务的进项	25		
取得无形资产的进项	26		
减按 1.5% 征收率的进项	27		
	28		
二、按抵扣项目归集的进项			
用于购建不动产并一次性抵扣的进项	29		
通行费的进项	30		
	31		
	32		

表3.45　营改增税负分析测算明细表

纳税人名称:(公章)

税款所属时间:　　年　　月　　日至　　年　　月　　日

金额单位:元至角分

项目及栏次	增值税							营业税						
	不含税销售额	销项(应纳)税额	价税合计	服务、不动产和无形资产扣除项目本期实际扣除金额	扣除后		增值税应纳税额(测算)	原营业税税制下服务、不动产和无形资产差额扣除项目					应税营业额	营业税应纳税额
					含税销售额	销项(应纳)税额		期初余额	本期发生额	本期应扣除金额	本期实际扣除金额	期末余额		
应税项目代码及名称	增值税税率或征收率													营业税税率
	1	2＝1×增值税税率或征收率	3＝1+2	4	5＝3－4	6＝5÷(100%+增值税税率或征收率)×增值税税率或征收率	7	8	9	10＝8+9	11(11≤3且11≤10)	12＝10－11	13＝3－11	14＝13×营业税税率
合计	—													—

表 3.46　税（费）通用申报表

纳税人识别号：

纳税人名称：

行次	征收项目	征收品目	征收子目	税（费）款所属期起	税（费）款所属期止	收入总额或总数量（原值、缴费基数）	减除项	应税所得率	计税（费）依据	税（费）率或单位税额	速算扣除数	本期应纳税（费）额	减免性质代码	减免税（费）额	本期已缴税（费）额	本期应补（退）税（费）额
1																
2																
3																

表 3.47 印花税纳税申报(报告)表

纳税人识别号： 纳税人名称：

税款所属期限：自 年 月 日至 年 月 日 填表日期： 年 月 日 金额单位:元至角分

应税凭证	计税金额或件数	核定征收		适用税率	本期应纳税额	本期已缴税额	减免额	本期应补(退)税额
		核定定额	核定比例					
	1	2	3	4	$5 = 1 \times 4 + 2 \times 3 \times 4$	6	7	$9 = 5 - 6 - 7$
合计	—	—		—				

办税人： 申报日期： 受理人： 受理日期：

受理税务机关：

表 3.48 电子缴税凭证

电子缴税凭证

填发日期:20171015 缴税日期:20171011 电子交易流水号:0000011197570321

纳税人代码:514420008785889G 征税机关:国税直属分局

纳税人全称:广东公正律师事务所 开户行:中国银行中山分行营业部

缴款账号: 641861531513 国库

税种(品目名称)	预算科目、预算级次	税款所属期	实缴金额
增值税鉴证服务	10101040120	20170901—20170930	
金额合计	(大写)		
备 注	扣账日期:2017 年 10 月 11 日 清算日期:2017 年 10 月 12 日 电子税票号:3160203000019121		

主办： 复核： 经办：

表 3.49　**电子缴税凭证**

电子缴税凭证

填发日期:20171015　　　　缴税日期:20171011　　　　电子交易流水号:0000011197570752

纳税人代码:514420008785889G　　　　　　征税机关:中山市地方税务局东区分局

纳税人全称:广东公正律师事务所　　　　　　开户行:中国工商银行中山东区支行

缴款账号:641861531513　　　　　　　　　国库

税种(品目名称)	预算科目、预算级次	税款所属期	实缴金额
城市维护建设税　市区(增值税附征)	101090603	20170901—20170931	
地方教育费附加　增值税地方教育费附加	103021621	20170901—20170931	
教育费附加　增值税教育费附加	10302030103	20170901—20170931	
金额合计	(大写)		
备　注	扣账日期:2017 年 10 月 11 日　清算日期:2017 年 10 月 12 日　电子税票号:3160203000019123		

主办:　　　　　　　复核:　　　　　　　　　　经办:

表 3.50　**电子缴税凭证**

电子缴税凭证

填发日期:20171015　　　　缴税日期:20171011　　　　电子交易流水号:0000011197570633

纳税人代码:514420008785889G　　　　　　征税机关:中山市地方税务局东区分局

纳税人全称:广东公正律师事务所　　　　　　开户行:中国工商银行中山东区支行

缴款账号:641861531513　　　　　　　　　国库

税种(品目名称)	预算科目、预算级次	税款所属期	实缴金额
印花税　购销合同	101111903	20170901—20170930	
金额合计	(大写)		
备　注	扣账日期:2017 年 10 月 11 日　清算日期:2017 年 10 月 12 日　电子税票号:3160203000019124		

主办:　　　　　　　复核:　　　　　　　　　　经办:

表 3.51　记账凭证

记 账 凭 证

广州市财政局
监　制
标准会计凭证账得系列

月　　日　　　　　　字第　　号

摘要	会计科目		借方金额											贷方金额											记账
	总账科目	明细科目	亿	千	百	十	万	千	百	十	元	角	分	亿	千	百	十	万	千	百	十	元	角	分	
附件　　张	合　计																								

会计主管　　　　　　记账　　　　　　出纳　　　　　　审核　　　　　　制证

表 3.52　记账凭证

记 账 凭 证

广州市财政局
监　制
标准会计凭证账得系列

月　　日　　　　　　字第　　号

摘要	会计科目		借方金额											贷方金额											记账
	总账科目	明细科目	亿	千	百	十	万	千	百	十	元	角	分	亿	千	百	十	万	千	百	十	元	角	分	
附件　　张	合　计																								

会计主管　　　　　　记账　　　　　　出纳　　　　　　审核　　　　　　制证

表 3.53　记账凭证

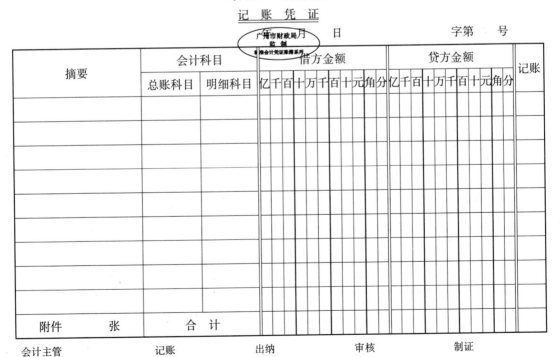

記　账　凭　证

摘要	会计科目		借方金额										贷方金额										记账
	总账科目	明细科目	亿	千	百	十	万	千	百	十	元	角	分	亿	千	百	十	万	千	百	十	元	角	分	

附件　　张　　　　合　计

会计主管　　　　　记账　　　　　出纳　　　　　审核　　　　　制证

表 3.54　记账凭证

記　账　凭　证

摘要	会计科目		借方金额										贷方金额										记账
	总账科目	明细科目	亿	千	百	十	万	千	百	十	元	角	分	亿	千	百	十	万	千	百	十	元	角	分	

附件　　张　　　　合　计

会计主管　　　　　记账　　　　　出纳　　　　　审核　　　　　制证

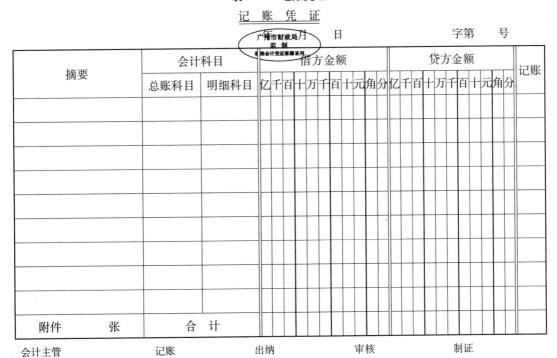

表 3.55 记账凭证

记 账 凭 证

摘要	会计科目		借方金额	贷方金额	记账
	总账科目	明细科目	亿千百十万千百十元角分	亿千百十万千百十元角分	
附件 张	合 计				

会计主管   记账   出纳   审核   制证

表 3.56 记账凭证

记 账 凭 证

摘要	会计科目		借方金额	贷方金额	记账
	总账科目	明细科目	亿千百十万千百十元角分	亿千百十万千百十元角分	
附件 张	合 计				

会计主管   记账   出纳   审核   制证

表 3.57　记账凭证

记 账 凭 证

广州市财政局月 日 字第 号
监 制

摘要	会计科目		借方金额											贷方金额											记账
	总账科目	明细科目	亿	千	百	十	万	千	百	十	元	角	分	亿	千	百	十	万	千	百	十	元	角	分	
附件　　张	合　计																								

会计主管　　　　记账　　　　出纳　　　　审核　　　　制证

表 3.58　记账凭证

记 账 凭 证

广州市财政局月 日 字第 号
监 制

摘要	会计科目		借方金额											贷方金额											记账
	总账科目	明细科目	亿	千	百	十	万	千	百	十	元	角	分	亿	千	百	十	万	千	百	十	元	角	分	
附件　　张	合　计																								

会计主管　　　　记账　　　　出纳　　　　审核　　　　制证

表 3.59　记账凭证

记　账　凭　证

广州市财政局
监　制
省准会计凭证聚得系列

　　　　月　　　日　　　　　　　　字第　　　号

摘要	会计科目		借方金额	贷方金额	记账
	总账科目	明细科目	亿 千 百 十 万 千 百 十 元 角 分	亿 千 百 十 万 千 百 十 元 角 分	
附件　　　张	合　　计				

会计主管　　　　　　记账　　　　　　出纳　　　　　　审核　　　　　　制证

任务 5　房地产业纳税申报

3.5.1　知识背景

　　房地产开发企业采用预售方式销售自行开发的房地产项目,适用一般计税方法计税,税率为 11%。房地产开发企业中的一般纳税人销售其开发的房地产项目(选择简易计税方法的房地产老项目除外),以取得的全部价款和价外费用,扣除受让土地时向政府部门支付的土地价款后的余额为销售额。

　　根据《营业税改征增值税试点过渡政策的规定》,一般纳税人采取预收款方式销售自行开发的房地产项目,应在取得预收款的次月纳税申报,按 3% 的预征率向主管国税机关预缴增值税。

　　根据《中华人民共和国城镇土地使用税暂行条例》,在城市、县城、建制镇、工矿区范围内使用土地的单位和个人,为城镇土地使用税(以下简称土地使用税)的纳税人,应当依照规定缴纳土地使用税。土地使用税以纳税人实际占用的土地面积为计税依据,依照规定税额计算征收。城镇土地使用税实行按年缴纳,分期预缴。房地产开发企业对于持有尚未售出的商品房,按照占地面积应按规定计算缴纳城镇土地使用税。

　　根据《中华人民共和国房产税暂行条例》,房产税由产权所有人缴纳。鉴于房地产开发企业开发的商品房在出售前,对房地产开发企业而言是一种产品,因此,对房地产开发企业建造的商品房,在售出前,不征收房产税。但对售出前房地产开发企业已使用或出租、出借的商品房应按规定征收房产税。

根据《中华人民共和国土地增值税暂行条例》,转让国有土地使用权、地上的建筑物及其附着物并取得收入的单位和个人,为土地增值税的纳税义务人,应当依照规定缴纳土地增值税。纳税人转让房地产所取得的收入按规定减除扣除项目金额后的余额,为增值额。

房地产企业预售房屋时,按房屋预收款的 1.5% ~3% 计缴预缴土地增值税。等房屋销售达到85%以上的情况下,房地产企业与税务局就要进入该项目土地增值税的清算工作。

由此可见,房地产开发企业涉及的税费有:增值税、城市维护建设税、教育费附加、地方教育费附加、个人所得税、印花税、房产税、土地使用税、契税、土地增值税、企业所得税等。其中,销售环节需要缴纳的税费有:增值税、城建税、教育费附加、印花税、土地增值税。

3.5.2 任务目标

①掌握房地产行业增值税纳税业务的特点,熟练填报申报表以及进行相关业务的账务处理。

②掌握房地产行业缴纳的税种以及相关的规定。

③掌握土地增值税的计税方法以及申报表填报方法。

④掌握房地产行业预缴增值税的申报和处理方法。

⑤掌握取得农产品收购发票可抵扣进项税的处理方法。

3.5.3 任务角色

办税员、会计、会计主管、国税局税管员、地税局税管员。

3.5.4 任务资料

1)公司基本情况

中山市星河房地产有限公司是一家开发、销售房地产的公司,纳税人识别号:91442000755643321U,地址:中山市三乡镇金山大道,电话:0760-88361668,开户行及账号:中国工商银行中山分行 2011027109200011113。

2017 年 10 月,星河公司取得预售款 1 110 万元,当月开具已预收房款的增值税发票 1 000.8万元(含税),当月可抵扣的土地价款 400 万元。星河公司每月按预收款的 2.5% 预缴土地增值税。

2）本月开具的增值税销项发票，全部款项已预收

如图 3.38 ~ 图 3.40 所示。

广东增值税普通发票

No**62804521** 4400151320	
62804521	

4400151320
校验码 4878 29039 2189 2313

开票日期：2017 年 10 月 05 日

购买方	名　　称：陈慧琳 纳税人识别号： 地　址、电话： 开户行及账号：								密码区	
	货物或应税劳务、服务名称	规格型号	单位	数量	单价	金　额	税率	税额		
	晴雅山房花园小区 3 栋 801 房款		平方米	150	12 000.00	1 800 000.00	11%	198 000.00		
	价税合计（大写）	⊗壹佰玖拾玖万捌仟圆整					（小写）￥1 998 000.00			
销售方	名　　称：中山市星河房地产有限公司 纳税人识别号：91442000755643321U 地　址、电话：中山市三乡镇金山大道　0760-88361668 开户行及账号：中国工商银行中山分行 20110271092000011113							备注		

收款人：张浩　　　　　复核：肖小玲　　　　　开票人：张浩　　　　　销售方：

图 3.38　增值税普通发票记账联

广东增值税普通发票

No**62804522** 4400151320	
62804522	

4400151320
校验码 4878 29039 2189 2523

开票日期：2017 年 10 月 08 日

购买方	名　　称：刘凯韵 纳税人识别号： 地　址、电话： 开户行及账号：								密码区	
	货物或应税劳务、服务名称	规格型号	单位	数量	单价	金　额	税率	税额		
	晴雅山房花园小区 8 栋 1002 房款		平方米	200	15 000.00	3 000 000.00	11%	330 000.00		
	价税合计（大写）	⊗叁佰叁拾叁万圆整					（小写）￥3 330 000.00			
销售方	名　　称：中山市星河房地产有限公司 纳税人识别号：91442000755643321U 地　址、电话：中山市三乡镇金山大道　0760-88361668 开户行及账号：中国工商银行中山分行 20110271092000011113							备注		

收款人：张浩　　　　　复核：肖小玲　　　　　开票人：张浩　　　　　销售方：

图 3.39　增值税普通发票记账联

广东增值税专用发票　No**31759602** 4400153130

4400153130

31759602

广东

此联不作报销、扣税凭证使用

开票日期：2017 年 10 月 13 日

购买方	名　　称：中山市雨泽服装有限公司 纳税人识别号：51442000570101234X 地址、电话：中山市沙溪镇隆都路 6 号 开户行及账号：中国工商银行沙溪支行 37000000800660000123	密码区	

货物或应税劳务、服务名称	规格型号	单位	数量	单价	金　额	税率	税额
晴雅山房花园小区商铺 7 栋 2 号		平方米	200	20 000.00	4 000 000.00	17%	680 000.00

价税合计（大写）	⊗陆佰捌万圆整	（小写）￥4 680 000.00

销售方	名　　称：中山市星河房地产有限公司 纳税人识别号：91442000755643321U 地址、电话：中山市三乡镇金山大道　0760-88361668 开户行及账号：中国工商银行中山分行 20110271092000011113	备注	中山市星河房地产有限公司 91442000755643321U 发票专用章

收款人：张浩	复核：肖小玲	开票人：张浩	销售方：（章）

第一联：记账联　销售方记账凭证

税功函【2015】341 号海南华大禁实业大司

图 3.40　增值税专用发票记账联

3）本期采购取得增值税普通发票一张

如图 3.41 所示。

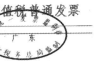

广东增值税普通发票　No**00002311** 4400141310

4400141310

校验码 48278 29039 24189 25237

广东

00002311

开票日期：2017 年 10 月 10 日

购买方	名　　称：中山市星河房地产有限公司 纳税人识别号： 地址、电话： 开户行及账号：	密码区	

货物或应税劳务、服务名称	规格型号	单位	数量	单价	金　额	税率	税额
苗木		批	1	200 000.00	200 000.00	0%	***

价税合计（大写）	⊗贰拾万圆整	（小写）￥200 000.00

销售方	名　　称：中山市大自然花木场 纳税人识别号：91442000MA4643081A 地址、电话：中山市火炬开发区东镇大道 2 号　0760-88330908 开户行及账号：中国农业银行中山分行 44310501042100654	备注	中山市大自然花木场 91442000MA4643081A 销售方发票专用章

收款人：谢玲玲	复核：吴小珍	开票人：谢玲玲	销售方发票专用章

第三联：发票联　采购方记账凭证

税功函【2015】341 号海南华大禁实业大司

图 3.41　增值税普通发票发票联

4）本期期初无留底税额

3.5.5　任务书

1）任务列表

如表3.60所示。

表3.60　任务表

子任务		任务描述	任务指导
（一）	采购业务 账务处理	1. 2017年10月，会计根据取得的进项发票逐张编制记账凭证，凭证日期为业务发生日期。 2. 出纳对需要出纳签名的凭证进行签名。	1. 按照规定，购进农产品可以按收购发票上注明的农产品买价和11%的扣除率计算进项税额。 2. 裁剪并整理好进项发票的记账联；作为附件粘贴在凭证后面，注意判断货款是否支付。
（二）	销售业务 账务处理	3. 会计主管审核记账凭证。	裁剪下增值税发票记账联作为附件粘贴在凭证后面。
（三）	申报缴纳 印花税	1. 2017年11月10日，办税员登录地税局申报系统填报《印花税纳税申报表》。 2. 地税局税管员审核纳税申报表，填发电子缴税凭证并传递到银行扣款。	购销合同按0.3‰计算缴纳印花税。
（四）	预缴土地 增值税	1. 2017年11月10日，办税员登录地税局申报系统填报《土地增值税纳税申报表》。 2. 地税局税管员审核纳税申报表，填发电子缴税凭证并传递到银行扣款。	房地产企业预售房屋时，按房屋预收款的1.5%~3%计缴预缴土地增值税，待开发产品销售超过85%时，再与地税局清算全部应缴的土地增值税。
（五）	预缴 增值税	1. 2017年11月10日，办税员登录国税局申报系统填报《预缴增值税纳税申报表》。 2. 国税局税管员审核纳税申报表，填发电子缴税凭证并传递到银行扣款。	按照规定，房地产企业取得预售房款时，需要按3%的预征率预缴增值税，预缴的增值税可抵减本期计算缴纳的销项税额。抵减时，需填报《附表四税款抵减情况表》。
（六）	申报缴纳 增值税	1. 2017年11月10日，办税员登录国税局申报系统填报《增值税申报表》及附表。 2. 国税局税管员审核纳税申报表，填发电子缴税凭证并传递到银行扣款。	1. 星河公司本月开出的增值税票有专用发票和普通发票两种，应在纳税申报表中分别反映。 2. 原营业税纳税人在填报申报表时还需同时填报《营改增税负分析测算明细表》。 3. 星河公司取得的农产品普通发票可以按11%的税率计算抵扣进项税额。

续表

子任务		任务描述	任务指导
（七）	申报缴纳附加税	1. 2017 年 11 月 10 日，办税员登录地税局申报系统填报附加税申报表。 2. 地税局税管员审核纳税申报表，填发电子缴税凭证并传递到银行扣款。	随同增值税一起缴纳的附加税有城市维护建设税、教育费和地方教育费附加，附加税在地方税务局申报缴纳。
（八）	取得缴税凭证账务处理	1. 2017 年 11 月 15 日，会计根据取得的电子缴税凭证逐张编制记账凭证，凭证日期为业务发生日期。 2. 出纳对需要出纳签名的凭证进行签名。 3. 会计主管审核记账凭证。	裁剪下电子缴税凭证作为记账凭证附件。

2）任务表格

《土地增值税纳税申报表》《增值税预缴税款表》《印花税纳税申报（报告）表》《税（费）通用申报表》各 1 张，增值税纳税申报表及附表共 6 张，电子缴税凭证 5 张，记账凭证 9 张。如表 3.61 ~ 表 3.84 所示。

表 3.61　土地增值税纳税申报表（表 1）

（从事房地产开发的纳税人预征适用）

税款所属时间：　年　月　日至　年　月　日　　　　　　　　填表日期：　年　月　日

项目名称：　　　　　　　　　　　　　　　　　　　　　　　金额单位：元至角分；面积单位：平方米

项目编号：

纳税人识别号：□□□□□□□□□□□□□□□

房产类型	项目	收入			预征率（%）	应纳税额	税款缴纳	
		应税收入	货币收入	实物收入及其他收入	视同销售收入			本期已缴税额	本期应缴税额计算
		$2=3+4+5$	3	4	5	6	$7=2\times6$	8	$9=7-8$
房产类型	1								
普通住宅									
非普通住宅									
其他类型房地产									
合　计	—					—			

以下由纳税人填写：

纳税人声明	此纳税申报表是根据《中华人民共和国土地增值税暂行条例》及其实施细则和国家有关税收规定填报的，是真实的、可靠的、完整的。	
纳税人签章	代理人签章	代理人身份证号

以下由税务机关填写：

受理人	受理日期　年　月　日	受理税务机关签章

注：本表一式两份，一份纳税人留存，一份税务机关留存。

表 3.62 增值税预缴税款表

税款所属时间：　年　月　日至　年　月　日

纳税人识别号：□□□□□□□□□□□□□□□□□□□□

纳税人名称：（公章）

是否适用一般计税方法　是□　否□

金额单位：元（列至角分）

项目编号				
项目地址				
项目名称				
预征项目和栏次	销售额	扣除金额	预征率	预征税额
	1	2	3	4
建筑服务 1				
销售不动产 2				
出租不动产 3				
4				
5				
合计 6				

授权声明

如果你已委托代理人申报，请填写下列资料：

为本纳税人的代理申报人，任何与申报表有关的往来文件，都可寄予此人。

为本纳税人的代理申报人，任何与申报表有关的往来文件，都可寄予此人。

授权人签字：

填表人申明

以上内容是真实的、可靠的、完整的。

纳税人签字：

表 3.63　增值税纳税申报表

（适用于增值税一般纳税人）

纳税人识别号：　　　　　　　纳税人名称：

税款所属时间：自　年　月　日至　年　月　日　填表日期：　年　月　日　　金额单位:元至角分

项　目		栏　次	一般货物及劳务		即征即退货物及劳务	
			本月数	本年累计	本月数	本年累计
销售额	（一）按适用税率征税货物及劳务销售额	1				
	其中:应税货物销售额	2				
	应税劳务销售额	3				
	纳税检查调整的销售额	4				
	（二）按简易征收办法征税货物销售额	5				
	其中:纳税检查调整的销售额	6				
	（三）免、抵、退办法出口货物销售额	7			—	—
	（四）免税货物及劳务销售额	8				
	其中:免税货物销售额	9				
	免税劳务销售额	10			—	—
税款计算	销项税额	11				
	进项税额	12				
	上期留抵税额	13		—		—
	进项税额转出	14				
	免抵退货物应退税额	15			—	—
	按适用税率计算的纳税检查应补缴税额	16			—	—
	应抵扣税额合计	$17 = 12 + 13 -$ $14 - 15 + 16$			—	—
	实际抵扣税额	18（如 17 < 11,则为 17,否则为 11）				
	应纳税额	$19 = 11 - 18$				
	期末留抵税额	$20 = 17 - 18$		—		—
	按简易征收办法计算的应纳税额	21				
	按简易征收办法计算的纳税检查应补缴税额	22				
	应纳税额减征额	23				
	应纳税额合计	$24 = 19 + 21 -$ 23				

项　目		栏　次	一般货物及劳务		即征即退货物及劳务	
			本月数	本年累计	本月数	本年累计
税款缴纳	期初未缴税额(多缴为负数)	25				
	实收出口开具专用缴款书退税额	26			—	—
	本期已缴税额	27 = 28 + 29 + 30 + 31				
	①分次预缴税额	28			—	—
	②出口开具专用缴款书预缴税额	29			—	—
	③本期缴纳上期应纳税额	30				
	④本期缴纳欠缴税额	31				
	期末未缴税额(多缴为负数)	32 = 24 + 25 + 26 − 27				
	其中:欠缴税额(≥0)	33 = 25 + 26 − 27			—	—
	本期应补(退)税额	34 = 24 − 28 − 29			—	—
	即征即退实际退税额	35	—	—		
	期初未缴查补税额	36			—	—
	本期入库查补税额	37			—	—
	期末未缴查补税额	38 = 16 + 22 + 36 − 37				

授权声明	如果你已委托代理人申报,请填写下列资料: 　　为代理一切税务事宜,现授权 　　　　　　　　　　(地址) 　　为本纳税人的代理申报人,申报表有关的往来文件,都可寄予此人。 　　　　　　授权人签字:	申报人声明	此纳税申报表是根据《中华人民共和国增值税暂行条例》的规定填写的,是真实的、可靠的、完整的。 　　　　声明人签字:

以下由税务机关填定:

收到日期:　　　　　　　　接收人:　　　　　　　　主管税务机关盖章:

表 3.64　增值税纳税申报表附表列资料（表 1）

（本期销售情况明细）

纳税人名称:(公章)

税款所属时间:　　年　月　日至　　年　月　日

金额单位:元至角分

项目及栏次		开具税控增值税专用发票 销售额	销项(应纳)税额	开具其他发票 销售额	销项(应纳)税额	未开具发票 销售额	销项(应纳)税额	纳税检查调整 销售额	销项(应纳)税额	合计 销售额	销项(应纳)税额	价税合计	服务、不动产和无形资产扣除项目本期实际扣除金额	扣除后 含税(免税)销售额	销项(应纳)税额
		1	2	3	4	5	6	7	8	9=1+3+5+7	10=2+4+6+8	11=9+10	12	13=11−12	14=13÷(100%+税率或征收率)×税率或征收率
一、一般计税方法征税 全部征税项目	17%税率的货物及加工修理修配劳务　1														
	17%税率的有形动产租赁服务　2		—		—		—		—			—		—	—
	13%税率　3				—		—		—			—		—	—
	11%税率　4				—		—		—			—		—	—
	6%税率　5				—		—		—			—		—	—
其中:即征即退项目	即征即退货物及加工修理修配劳务　6	—	—	—	—	—	—	—	—	—	—	—		—	—
	即征即退应税服务　7	—	—	—	—	—	—	—	—	—	—	—		—	—
二、简易计税方法征税 全部征税项目	6%征收率　8				—		—		—			—		—	—
	5%征收率　9				—		—		—			—		—	—
	4%征收率　10				—		—		—			—		—	—
	3%征收率的货物及加工修理修配劳务　11				—		—		—			—		—	—
	3%征收率的应税服务　12				—		—		—			—		—	—

其中：即征即退项目	即征即退货物及加工修理修配劳务	13	—	—	—	—	—	—	—	—	—	—	—	—
	即征即退应税服务	14	—	—	—	—	—	—	—	—	—	—	—	—
三、免抵退税	货物及加工修理修配劳务	15	—	—	—	—	—	—	—	—	—	—	—	—
	应税服务	16	—	—	—	—	—	—	—	—	—	—	—	—
四、免税	货物及加工修理修配劳务	17	—	—	—	—	—	—	—	—	—	—	—	—
	应税服务	18	—	—	—	—	—	—	—	—	—	—	—	—

表 3.65　增值税纳税申报表附列资料(表2)

(本期进项税额明细)

税款所属时间：　　　　年　　月

纳税人名称:(公章)　　　　　填表日期：　　　年　　月　　日　　　金额单位:元至角分

一、申报抵扣的进项税额

项目	栏次	份数	金额	税额
(一)认证相符的增值税专用发票	1 = 2 + 3			
其中:本期认证相符且本期申报抵扣	2			
前期认证相符且本期申报抵扣	3			
(二)其他扣税凭证	4 = 5 + 6 + 7 + 8			
其中:海关进口增值税专用缴款书	5			
农产品收购发票或者销售发票	6			
代扣代缴税收缴款凭证	7			
其他	8			
(三)本期用于构建不动产的扣税凭证	9	—	—	—
(四)本期不动产允许抵扣进项税额	10	—	—	—
(五)外贸企业进项税额抵扣证量	11	—	—	
当期申报抵扣进项税额合计	12 = 1 + 4 + 9 + 10 + 11			

二、进项税额转出额

项目	栏次	税额
本期进项税转出额	13	
其中:免税项目用	14	
集体福利、个人消费	15	
非正常损失	16	
按简易征收办法征税项目用	17	
免抵退税办法出口货物不得抵扣进项税额	18	
纳税检查调减进项税额	19	
红字专用发票通知单注明的进项税额	20	
上期留底税额抵减欠税	21	
上期留底税额退税	22	
其他应作进项税额转出的情形	23	

续表

三、待抵扣进项税额				
项目	栏次	份数	金额	税额
(一)认证相符的增值税专用发票	24	—	—	—
期初已认证相符但未申报抵扣	25			
本期认证相符且本期未申报抵扣	26			
期末已认证相符但未申报抵扣	27			
其中:按照税法规定不允许抵扣	28			
(二)其他扣税凭证	29 = 30 至 33 之和			
其中:海关进口增值税专用缴款书	30			
农产品收购发票或者销售发票	31			
代扣代缴税收通用缴款书	32			
运输费用结算单据	33			
其他	33	—	—	—
	34			

四、其他				
项目	栏次	份数	金额	税额
本期认证相符的全部防伪税控增值税专用发票	35			
期初已征税款挂账额	36	—	—	
期初已征税款余额	37	—	—	
代扣代缴税额	38	—	—	

表 3.66　本期抵扣进项税额结构明细表(表 3)

税款所属时间：　　　年　月　日至　　年　月　日

纳税人名称:(公章)　　　　　　　　　　　　　　　　　　　　　金额单位:元至角分

项目	栏次	金额	税额
合计	1 = 2 + 4 + 5 + 11 + 16 + 18 + 27 + 29 + 30		
一、按税率或征收率归集(不包括购建不动产、通行费)的进项			
17% 税率的进项	2		
其中:有形动产租赁的进项	3		
13% 税率的进项	4		
11% 税率的进项	5		
其中:运输服务的进项	6		
电信服务的进项	7		
建筑安装服务的进项	8		
不动产租赁服务的进项	9		
受让土地使用权的进项	10		
6% 税率的进项	11		
其中:电信服务的进项	12		
金融保险服务的进项	13		
生活服务的进项	14		
取得无形资产的进项	15		
5% 征收率的进项	16		
其中:不动产租赁服务的进项	17		
3% 征收率的进项	18		
其中:货物及加工、修理修配劳务的进项	19		
运输服务的进项	20		
电信服务的进项	21		
建筑安装服务的进项	22		
金融保险服务的进项	23		
有形动产租赁服务的进项	24		
生活服务的进项	25		
取得无形资产的进项	26		
减按 1.5% 征收率的进项	27		
二、按抵扣项目归集的进项			
用于购建不动产并一次性抵扣的进项	29		
通行费的进项	30		
	31		
	32		

表 3.67　增值税纳税申报表附列资料(表 4)

税款所属时间：　　年　月　日至　　年　月　日

纳税人名称：　　　　　　　　　　　　　　　　　　　金额单位:元至角分

序号	抵减项目	期初余额	本期发生额	本期应抵减税额	本期实际抵减税额	期末余额
		1	2	3 = 1 + 2	4 ≤ 3	5 = 3 - 4

表3.68 营改增税负分析测算明细表

纳税人名称:(公章)

税款所属时间: 年 月 日至 年 月 日

金额单位:元至角分

项目及栏次		增值税						增值税应纳税额(测算)	营业税					应税营业额	营业税应纳税额
						服务、不动产和无形资产项目本期实际扣除金额	扣除后			原营业税税制下服务、不动产和无形资产差额扣除项目						
		不含税销售额	销项(应纳)税额	价税合计			含税销售额	销项(应纳)税额		期初余额	本期发生额	本期应扣除金额	本期实际扣除金额	期末余额		
应税项目代码及名称	增值税税率或征收率	1	$2=1\times$ 增值税税率或征收率	$3=1+2$	4		$5=3-4$	$6=5\div(100\%+$增值税税率或征收率$)\times$增值税税率或征收率	7	8	9	$10=8+9$	$11(11\leq 3$且$11\leq 10)$	$12=10-11$	$13=3-11$	$14=13\times$营业税税率
	营业税税率															
合计	—	—														

表 3.69　税（费）通用申报表

纳税人识别号：

纳税人名称：

行次	征收项目	征收品目	征收子目	税（费）款所属期起	税（费）款所属期止	收入总额或总数量（原值、缴费基数）	减除项	应税所得率	计税（费）依据	税（费）率或单位税额	速算扣除数	本期应纳税（费）额	减免性质代码	减免税（费）额	本期已缴税（费）额	本期应补（退）税（费）额
1																
2																
3																

表 3.70 印花税纳税申报(报告)表

纳税人识别号:　　　　　　　　　纳税人名称:

税款所属期限:自　年　月　日至　　年　月　日　填表日期:　年　月　日　金额单位:元至角分

应税凭证	计税金额或件数	核定征收		适用税率	本期应纳税额	本期已缴税额	减免额	本期应补(退)税额
		核定定额	核定比例					
	1	2	3	4	$5 = 1 \times 4 + 2 \times 3 \times 4$	6	7	$9 = 5 - 6 - 7$
合计	—	—	—					

办税人:　　　　申报日期:　　　　受理人:　　　　受理日期:　　　　受理税务机关:

表 3.71 电子缴税凭证

电子缴税凭证

填发日期:20171115　　　　缴税日期:20171111　　　　电子交易流水号:0000011197570432

纳税人代码:91442000755643321U　　　　征税机关:中山市地方税务局东区分局

纳税人全称:中山市星河房地产有限公司　　　　开户行:中国工商银行中山分行

缴款账号:20110271092000111113　　　　国库

税种(品目名称)	预算科目、预算级次	税款所属期	实缴金额
土地增值税		20171001—20171031	
金额合计	(大写)		
备　注	扣账日期:2017 年 11 月 11 日　清算日期:2017 年 11 月 12 日　电子税票号:316020300003089		

主办:　　　　复核:　　　　经办:

表 3.72 电子缴税凭证

电子缴税凭证

填发日期:20171115　　　　　缴税日期:20171111　　　　电子交易流水号:0000011197570867

纳税人代码:91442000755643321U　　　　　　　　　　征税机关:国税直属分局

纳税人全称:中山市星河房地产有限公司　　　　　　　开户行:中国工商银行中山分行

缴款账号:2011027109200011113　　　　　　　　　　国库

税种(品目名称)	预算科目、预算级次	税款所属期	实缴金额
房地产开发企业增值税(预缴)	10101040120	20171001—20171031	
金额合计	(大写)		
备　注	扣账日期:2017 年 11 月 11 日　清算日期:2017 年 11 月 12 日　电子税票号:3160203000019341		

主办:　　　　　　　复核:　　　　　　　　　　　经办:

表 3.73 电子缴税凭证

电子缴税凭证

填发日期:20171115　　　　　缴税日期:20171111　　　　电子交易流水号:0000011197570432

纳税人代码:91442000755643321U　　　　　　　　　　征税机关:中山市地方税务局东区分局

纳税人全称:中山市星河房地产有限公司　　　　　　　开户行:中国工商银行中山分行

缴款账号:2011027109200011113　　　　　　　　　　国库

税种(品目名称)	预算科目、预算级次	税款所属期	实缴金额
城市维护建设税　市区(增值税附征)	101090603	20161001—20161031	
地方教育费附加　增值税地方教育费附加	103021621	20161001—20161031	
教育费附加　增值税教育费附加	10302030103	20161001—20161031	
金额合计	(大写)		
备　注	扣账日期:2017 年 11 月 11 日　清算日期:2017 年 12 月 11 日　电子税票号:3160203000019567		

主办:　　　　　　　复核:　　　　　　　　　　　经办:

表 3.74　电子缴税凭证

电子缴税凭证

填发日期:20171115　　　　缴税日期:20171111　　　电子交易流水号:0000011197570432

纳税人代码:91442000755643321U　　　　　征税机关:中山市地方税务局东区分局

纳税人全称:中山市星河房地产有限公司　　　开户行:中国工商银行中山分行

缴款账号:20110271092000011113　　　　　国库

税种(品目名称)	预算科目、预算级次	税款所属期	实缴金额
印花税　购销合同	101111903	20171001—20171031	
金额合计	（大写）		
备　注	扣账日期:2017 年 11 月 11 日　清算日期:2017 年 11 月 12 日 电子税票号:316020300005436		

主办:　　　　　复核:　　　　　　　　　经办:

表 3.75　电子缴税凭证

电子缴税凭证

填发日期:20171115　　　　缴税日期:20171111　　　电子交易流水号:0000011197570867

纳税人代码:91442000755643321U　　　　　征税机关:国税直属分局

纳税人全称:中山市星河房地产有限公司　　　开户行:中国工商银行中山分行

缴款账号:20110271092000011113　　　　　国库

税种(品目名称)	预算科目、预算级次	税款所属期	缴金额
增值税(房地产业)	10101040120	20171001—20171030	
金额合计	（大写）		
备　注	扣账日期:2017 年 11 月 11 日　清算日期:2017 年 11 月 12 日 电子税票号:3160203000019341		

主办:　　　　　复核:　　　　　　　　　经办:

表3.76　记账凭证

摘要	会计科目		借方金额										贷方金额										记账
	总账科目	明细科目	亿	千	百	十	万	千	百	十	元	角	分	亿	千	百	十	万	千	百	十	元	角	分	
附件　　张	合　计																								

会计主管　　　　记账　　　　出纳　　　　审核　　　　制证

表3.77　记账凭证

摘要	会计科目		借方金额										贷方金额										记账
	总账科目	明细科目	亿	千	百	十	万	千	百	十	元	角	分	亿	千	百	十	万	千	百	十	元	角	分	
附件　　张	合　计																								

会计主管　　　　记账　　　　出纳　　　　审核　　　　制证

表 3.78   记账凭证

记   证
年   月   日   字第   号

摘要	会计科目		借方金额											贷方金额											记账
	总账科目	明细科目	亿	千	百	十	万	千	百	十	元	角	分	亿	千	百	十	万	千	百	十	元	角	分	
附件 张	合 计																								

会计主管   记账   出纳   审核   制证

表 3.79   记账凭证

记   证
年   月   日   字第   号

摘要	会计科目		借方金额											贷方金额											记账
	总账科目	明细科目	亿	千	百	十	万	千	百	十	元	角	分	亿	千	百	十	万	千	百	十	元	角	分	
附件 张	合 计																								

会计主管   记账   出纳   审核   制证

表 3.80　记账凭证

记账凭证

年　月　日　　　　　　　　　　字第　　　号

摘要	会计科目		借方金额											贷方金额											记账
	总账科目	明细科目	亿	千	百	十	万	千	百	十	元	角	分	亿	千	百	十	万	千	百	十	元	角	分	
附件　　张	合　计																								

会计主管　　　　　　记账　　　　　　出纳　　　　　　审核　　　　　　制证

表 3.81　记账凭证

记账凭证

年　月　日　　　　　　　　　　字第　　　号

摘要	会计科目		借方金额											贷方金额											记账
	总账科目	明细科目	亿	千	百	十	万	千	百	十	元	角	分	亿	千	百	十	万	千	百	十	元	角	分	
附件　　张	合　计																								

会计主管　　　　　　记账　　　　　　出纳　　　　　　审核　　　　　　制证

表 3.82 记账凭证

记账凭证

年 月 日　　　　　　字第 号

摘要	会计科目		借方金额											贷方金额											记账
	总账科目	明细科目	亿	千	百	十	万	千	百	十	元	角	分	亿	千	百	十	万	千	百	十	元	角	分	
附件　　　张	合　计																								

会计主管　　　　　　记账　　　　　　出纳　　　　　　审核　　　　　　制证

表 3.83 记账凭证

记账凭证

年 月 日　　　　　　字第 号

摘要	会计科目		借方金额											贷方金额											记账
	总账科目	明细科目	亿	千	百	十	万	千	百	十	元	角	分	亿	千	百	十	万	千	百	十	元	角	分	
附件　　　张	合　计																								

会计主管　　　　　　记账　　　　　　出纳　　　　　　审核　　　　　　制证

表 3.84　记账凭证

记证

摘要	会计科目		借方金额	贷方金额	记账
	总账科目	明细科目	亿千百十万千百十元角分	亿千百十万千百十元角分	
附件　　张	合　计				

　　年　月　日　　　　　字第　　号

会计主管　　　　　记账　　　　　出纳　　　　　审核　　　　　制证

模块 4　增值税小规模纳税人纳税实务

【知识背景】

1. 小规模纳税人的条件

增值税纳税人分为一般纳税人和小规模纳税人,符合以下条件的为小规模纳税人:

(1)从事货物生产或提供应税劳务年应征增值税销售额不超过 50 万元。

(2)从事货物批发或零售年应征增值税销售额不超过 80 万元。

(3)销售服务、无形资产或不动产年应征增值税销售额不超过 500 万元。

小规模纳税人可以自行开具增值税普通发票,不能自行开具增值税专用发票,但可以到主管税务机关申请代开增值税专用发票。

2. 小规模纳税人的计税方法

小规模纳税人适用简易计税方法,即:

$$应纳税额 = 不含税销售额 × 征收率$$

销售额是指纳税人发生应税行为取得的全部价款和价外费用。转让金融商品服务、经纪代理服务、旅游服务、建筑服务、劳务派遣服务、人力资源外包服务、销售不动产、转让土地使用权可以选择差额征税。

按照规定,增值税小规模纳税人销售货物,提供加工、修理修配劳务月销售额不超过 3 万元(按季纳税 9 万元),销售服务、无形资产月销售额不超过 3 万元(按季纳税 9 万元)的,自 2016 年 5 月 1 日起至 2017 年 12 月 31 日,可分别享受小微企业暂免征收增值税优惠政策。增值税小规模纳税人应分别核算销售货物,提供加工、修理修配劳务的销售额,以及销售服务、无形资产的销售额。

3. 小规模纳税人的征收率

小规模纳税人一般业务的征收率是 3%。但以下业务除外:

(1)销售及出租不动产适用 5% 征收率。不动产广告位出租、道路通行服务以及车辆停放服务按照不动产经营租赁服务缴纳增值税。

(2)劳务派遣服务、安全保护服务选择差额纳税的适用 5% 征收率。

(3)转让 2016 年 4 月 30 日前取得的土地使用权适用 5% 征收率。

(4)个人(个体工商户及其他个人)出租住房,应按照 5% 征收。

4. 小规模纳税人的申报方法

小规模纳税人可选择网上申报、上门申报、微信申报、自助办税终端机申报等方式进行纳税申报。

增值税小规模纳税人需要报送的必报资料为增值税纳税申报表及其附列资料,具体如表4.1所示。

表 4.1　申报资料

序　号	资料名称	说　明
1	《增值税纳税申报表(小规模纳税人适用)》	
2	《增值税纳税申报表(小规模纳税人适用)附列资料》	有扣除项目的营业税改征增值税纳税人填写。
3	《增值税减免税申报明细表》	享受增值税减免税优惠政策(不含小微)的小规模纳税人填写,其他纳税人不填。
4	《服务、不动产和无形资产扣除项目清单》	有扣除项目的营业税改征增值税纳税人填写,其他纳税人不填。

小规模纳税人以1个季度为1个纳税申报期,纳税申报期一般为季后首月1日起至15日止,遇最后一日为法定节假日的,顺延1日。在每月1日至15日内有连续3日以上法定休假日的,按休假日天数顺延。

随同增值税一起缴纳的还有城市维护建设税、教育费附加、地方教育费附加。增值税在国家税务局申报缴纳,城市维护建设税、教育费附加、地方教育费附加在地方税务局申报缴纳。

增值税小规模纳税人申报流程:

第一步,申报期内每月初(一般为每月1日至15日)在联网状态下登录增值税开票系统,由系统自动向税务机关传送上月尚未上传的开票数据明细和上月汇总发票数据,完成当月的抄报税和清卡工作。

第二步,纳税人通过网上申报、上门申报等方式申报纳税,目前多数企业采用网上申报,申报系统与一般纳税人申报系统一致。

任务 1　小规模纳税人销售货物通用纳税申报

4.1.1　任务目标

①通过完成任务掌握小规模纳税人通用业务的申报流程和申报表填写方法。
②熟练掌握一般纳税人缴纳增值税和附加税业务的账务处理方法。

4.1.2　任务角色

办税员、国税税管员、地税税管员、会计、出纳、会计主管。

4.1.3　任务资料

中山市星河百货超市有限公司为小规模纳税人,主要销售百货用品,适用的征收率是3%。2017年10月2日从增值税开票系统打印出2017年7—9月的普通发票汇总表,如表4.2所示。

表4.2　普通发票汇总表

普通发票汇总表

制表日期:2017 年 10 月 02 日　　专用发票统计表 1-02

正数发票清单(2017 年 10 月)

纳税人登记号:51442000796010593G　　企业名称:中山市星河百货超市有限公司

地址电话:东区朗月路 7 号　　金额单位:元

★　发票领用存情况　★

期初库存份数	35	正数发票份数	25	负数发票份数	0
购进发票份数	20	正数废票份数	0	负数废票份数	0
退回发票份数	0	期末库存份数	30		

★销项情况★　金额单位:元

序号	项目名称	合计	3%	5%	6%	4%	其他
1	销项正废金额	0.00	0.00	0.00	0.00	0.00	0.00
2	销项正数金额	177 427.68	177 427.68	0.00	0.00	0.00	0.00
3	销项负废金额	0.00	0.00	0.00	0.00	0.00	0.00
4	销项负数金额	0.00	0.00	0.00	0.00	0.00	0.00
5	实际销售金额	177 427.68	177 427.68	0.00	0.00	0.00	0.00
6	销项正废税额	0.00	0.00	0.00	0.00	0.00	0.00
7	销项正数税额	5 322.83	5 322.83	0.00	0.00	0.00	0.00
8	销项负废税额	0.00	0.00	0.00	0.00	0.00	0.00
9	销项负数税额	0.00	0.00	0.00	0.00	0.00	0.00
10	实际销项税额	5 322.83	5 322.83	0.00	0.00	0.00	0.00
小计							
总计							

4.1.4　任务书

1)任务列表

如表4.3所示。

表4.3　任务列表

子任务		任务描述	任务指导
(一)	申报缴纳增值税	1.2017年10月10日,办税员登录广东电子税务局网站申报第三季度增值税。 2.国税税管员审核申报表,填制增值税电子缴税凭证并传递到银行扣收款项。	小规模纳税人一般按季申报增值税。
(二)	申报附加税	1.2017年10月10日,办税员登录广东电子税务局网站申报第三季度增值税附加税。 2.地税税管员审核申报表,填制增值税电子缴税凭证并传递到银行扣收款项。	1.自2017年3月起,小规模纳税人申报缴纳增值税和附加税可以合并在广东电子税务局网站完成,不需单独在地税局系统申报。 2.根据《财政部、国家税务总局关于扩大有关政府性基金免征范围的通知》(财税〔2016〕12号)规定,从2016年2月1日起,月纳税营业额或销售额不超10万元(季纳税营业额或销售额不超过30万元)的缴纳义务人,免征教育费附加、地方教育附加。
(三)	电子缴税凭证账务处理	1.2017年10月15日,会计根据取得的电子缴税凭证逐张编制记账凭证,凭证日期为业务发生日期。 2.出纳对需要出纳签名的凭证进行签名。 3.会计主管审核记账凭证。	裁下电子缴税凭证作为记账凭证附件。

2)任务表格

《增值税纳税申报表(小规模纳税人适用)》1份,《税(费)通用申报表》1份,电子缴税凭证2份,记账凭证2份。如表4.4~表4.9所示。

表 4.4　增值税纳税申报表

（小规模纳税人适用）

纳税人名称（公章）：　　　　　纳税人识别号：　　　　　　　　　金额单位：元至角分

税款所属期：　　年　月　日至　　年　月　日　　　　　　　填表日期：　　年　月　日

	项目	栏次	本期数		本年累计	
			货物及劳务	服务、不动产和无形资产	货物及劳务	服务、不动产和无形资产
一、计税依据	（一）应征增值税不含税销售额（3%征收率）	1				
	税务机关代开的增值税专用发票不含税销售额	2				
	税控器具开具的普通发票不含税销售额	3				
	（二）应征增值税不含税销售额（5%征收率）	4				
	税务机关代开的增值税专用发票不含税销售额	5				
	税控器具开具的普通发票不含税销售额	6				
	（三）销售使用过的固定资产不含税销售额	7（7≥8）				
	其中:税控器具开具的普通发票不含税销售额	8				
	（四）免税销售额	9 = 10 + 11 + 12				
	其中:小微企业免税销售额	10				
	未达起征点销售额	11				
	其他免税销售额	12				
	（五）出口免税销售额	13（13≥14）				
	其中:税控器具开具的普通发票销售额	14				
二、税款计算	本期应纳税额	15				
	本期应纳税额减征额	16				
	本期免税额	17				
	其中:小微企业免税额	18				
	未达起征点免税额	19				
	应纳税额合计	20 = 15 − 16				
	本期预缴税额	21				
	本期应补（退）税额	22				

表4.5 税（费）通用申报表

纳税人名称：

纳税人识别号：

行次	征收项目	征收品目	征收子目	税（费）款所属期起	税（费）款所属期止	收入总额或总数量（原值、缴费基数）	减除项	应税所得率	计税（费）依据	税（费）率或单位税额	速算扣除数	本期应纳税（费）额	减免性质代码	减免税（费）额	本期已缴税（费）额	本期应补（退）税（费）额
1																
2																
3																

表4.6 电子缴税凭证

电子缴税凭证

填发日期:20171010　　　　缴税日期:20171011　　　　电子交易流水号:0000011197570212

纳税人代码:91442000123456721X　　　　征税机关:国税直属分局

纳税人全称:中山市星河百货超市有限公司　　　　开户行:中国工商银行中山东区支行

缴款账号:20110271092567 89443　　　　国库

税种(品目名称)	预算科目、预算级次	税款所属期	实缴金额
增值税(小规模3%)	101010106,67	20170701—20170930	
金额合计	(大写)		
备　注			

主办:　　　　　　复核:　　　　　　　　　　　经办:

表4.7 电子缴税凭证

电子缴税凭证

填发日期:20171010　　　　缴税日期:20171011　　　　电子交易流水号:0000011197570212

纳税人代码:91442000123456721X　　　　征税机关:国税直属分局

纳税人全称:中山市星河百货超市有限公司　　　　开户行:中国工商银行中山东区支行

缴款账号:20110271092567 89443　　　　国库

税种(品目名称)	预算科目、预算级次	税款所属期	实缴金额
城市维护建设税　市区(增值税附征)	101090603	20160701—20160930	
地方教育费附加　增值税地方教育费附加	103021621	20160701—20160930	
教育费附加　增值税教育费附加	10302030103	20160701—20160930	
金额合计	(大写)		
备　注			

主办:　　　　　　复核:　　　　　　　　　　　经办:

表4.8　记账凭证

摘要	会计科目		借方金额										贷方金额										记账
	总账科目	明细科目	亿	千	百	十	万	千	百	十	元	角	分	亿	千	百	十	万	千	百	十	元	角	分	
附件　　张	合　计																								

会计主管　　　　　　记账　　　　　　出纳　　　　　　审核　　　　　　制证

表4.9　记账凭证

摘要	会计科目		借方金额										贷方金额										记账
	总账科目	明细科目	亿	千	百	十	万	千	百	十	元	角	分	亿	千	百	十	万	千	百	十	元	角	分	
附件　　　张	合　计																								

会计主管　　　　　　记账　　　　　　出纳　　　　　　审核　　　　　　制证

任务2 小规模纳税人发生应税行为通用纳税申报

4.2.1 任务目标

①通过完成任务,掌握小规模纳税人发生应税行为通用业务的申报流程和申报表填写方法。

②熟练掌握小规模纳税人缴纳增值税和附加税业务的账务处理方法。

③熟练判读普通发票汇总表。

4.2.2 任务角色

办税员、国税税管员、地税税管员、会计、出纳、会计主管。

4.2.3 任务资料

嘉丰管理咨询服务有限公司是一家提供企业管理咨询服务的公司,适用的征收率是3%。2018年1月5日从开票系统打印出2017年10—12月的普通发票汇总表,如表4.10所示。

表 4.10 普通发票汇总表

普通发票汇总表

制表日期:2018 年 01 月 05 日

专用发票统计表 1-02

正数发票清单(2018 年 1 月)

纳税人登记号:51442000381600575G

企业名称:中山市嘉丰管理咨询服务有限公司

地址电话:东区晴雨路 17 号　金额单位:元

★　发票领用存情况　★					
期初库存份数	18	正数发票份数	13	负数发票份数	1
购进发票份数	0	正数废票份数	0	负数废票份数	0
退回发票份数	0	期末库存份数	4		

★销项情况★　　金额单位:元

序号	项目名称	合计	3%	5%	6%	4%	其他
1	销项正废金额	0.00	0.00	0.00	0.00	0.00	0.00
2	销项正数金额	350 000.00	350 000.00	0.00	0.00	0.00	0.00
3	销项负废金额	0.00	0.00	0.00	0.00	0.00	0.00
4	销项负数金额	30 000.00	30 000.00	0.00	0.00	0.00	0.00
5	实际销售金额	320 000.00	320 000.00	0.00	0.00	0.00	0.00
6	销项正废税额	0.00	0.00	0.00	0.00	0.00	0.00

续表

序号	项目名称	合计	3%	5%	6%	4%	其他
7	销项正数税额	10 500.00	10 500.00	0.00	0.00	0.00	0.00
8	销项负废税额	0.00	0.00	0.00	0.00	0.00	0.00
9	销项负数税额	900.00	900.00	0.00	0.00	0.00	0.00
10	实际销项税额	9 600.00	9 600.00	0.00	0.00	0.00	0.00
小计							
总计							

4.2.4　任务书

1) 任务列表

如表4.11所示。

表4.11　任务列表

子任务		任务描述	任务指导
（一）	申报缴纳增值税	1.2018年1月10日，办税员登录广东电子税务局网站申报2017年第四季度增值税。 2.国税税管员审核申报表，填制增值税电子缴税凭证并传递到银行扣收款项。	小规模纳税人一般按季申报增值税。
（二）	申报附加税	1.2018年1月10日，办税员登录广东电子税务局网站申报2017年第四季度增值税附加税。 2.地税税管员审核申报表，填制增值税电子缴税凭证并传递到银行扣收款项。	1.自2017年3月起，小规模纳税人申报缴纳增值税和附加税可以合并在广东电子税务局网站完成，不需要单独在地税局系统申报。 2.根据《财政部、国家税务总局关于扩大有关政府性基金免征范围的通知》（财税〔2016〕12号）规定，从2016年2月1日起，月纳税营业额或销售额不超10万元（季纳税营业额或销售额不超过30万元）的缴纳义务人，免征教育费附加、地方教育附加。
（三）	电子缴税凭证账务处理	1.2018年1月15日，会计根据取得的电子缴税凭证逐张编制记账凭证，凭证日期为业务发生日期。 2.出纳对需要出纳签名的凭证进行签名。 3.会计主管审核记账凭证。	裁下电子缴税凭证作为记账凭证附件。

2) 任务表格

《增值税纳税申报表(小规模纳税人适用)》1 份,《税(费)通用申报表》1 份,电子缴税凭证 2 份,记账凭证 2 份。如表 4.12 ~ 表 4.17 所示。

表 4.12　增值税纳税申报表
(小规模纳税人适用)

纳税人名称(公章)　　　　纳税人识别号:　　　　　　　　金额单位:元至角分

税款所属期:　　年　月　日至　　年　月　日　　　　填表日期:　　年　月　日

项目	栏次	本期数		本年累计	
		货物及劳务	服务、不动产和无形资产	货物及劳务	服务、不动产和无形资产
一、计税依据　(一)应征增值税不含税销售额(3% 征收率)	1				
税务机关代开的增值税专用发票不含税销售额	2				
税控器具开具的普通发票不含税销售额	3				
(二)应征增值税不含税销售额(5% 征收率)	4				
税务机关代开的增值税专用发票不含税销售额	5				
税控器具开具的普通发票不含税销售额	6				
(三)销售使用过的固定资产不含税销售额	7(7≥8)				
其中:税控器具开具的普通发票不含税销售额	8				
(四)免税销售额	9 = 10 + 11 + 12				
其中:	10				
小微企业免税销售额	11				
未达起征点销售额	12				
其他免税销售额	13(13 ≥ 14)				
(五)出口免税销售额	14				
其中:税控器具开具的普通发票销售额	15				

续表

	项目	栏次	本期数		本年累计	
			货物及劳务	服务、不动产和无形资产	货物及劳务	服务、不动产和无形资产
二、税款计算	本期应纳税额	16				
	本期应纳税额减征额	17				
	其中:小微企业免税额 　　　未达起征点免税额	18				
	应纳税额合计	19				
	本期预缴税额	20 = 15 − 18				
	本期应补(退)税额	21				

纳税人识别号：

表 4.13　税（费）通用申报表

纳税人名称：

行次	征收项目	征收品目	征收子目	税（费）款所属期起	税（费）款所属期止	收入总额或总数量（原值、缴费基数）	减除项	应税所得率	计税（费）依据	税（费）率或单位税额	速算扣除数	本期应纳税（费）额	减免性质代码	减免税（费）额	本期已缴税（费）额	本期应补（退）税（费）额
1																
2																
3																

表4.14　电子缴税凭证

电子缴税凭证

填发日期:20180110　　　　缴税日期:20180111　　　　电子交易流水号:0000011197580313

纳税人代码:51442000381600575G　　　　征税机关:国税直属分局

纳税人全称:中山市嘉丰管理咨询服务有限公司　　　　开户行:中国工商银行中山东区支行

缴款账号:2011027109252534763　　　　国库

税种(品目名称)	预算科目、预算级次	税款所属期	实缴金额
增值税(小规模3%)	101010106,67	20171001—20171231	
金额合计	(大写)		
备　注			

主办:　　　　复核:　　　　经办:

表4.15　电子缴税凭证

电子缴税凭证

填发日期:20180110　　　　缴税日期:20180111　　　　电子交易流水号:0000011197580313

纳税人代码:51442000381600575G　　　　征税机关:国税直属分局

纳税人全称:中山市嘉丰管理咨询服务有限公司　　　　开户行:中国工商银行中山东区支行

缴款账号:2011027109252534763　　　　国库

税种(品目名称)	预算科目、预算级次	税款所属期	实缴金额
城市维护建设税　市区(增值税附征)	101090603	20171001—20171231	
地方教育费附加　增值税地方教育费附加	103021621	20171001—20171231	
教育费附加　增值税教育费附加	10302030103	20171001—20171231	
金额合计	(大写)		
备　注			

主办:　　　　复核:　　　　经办:

表4.16 记账凭证

记　　账　　凭　　证

年　月　日　　　　　字第　　号

摘要	会计科目		借方金额										贷方金额										记账
	总账科目	明细科目	亿	千	百	十	万	千	百	十	元	角	分	亿	千	百	十	万	千	百	十	元	角	分	
附件　　张	合　　计																							

会计主管　　　　　记账　　　　　出纳　　　　　审核　　　　　制证

表4.17 记账凭证

记　　账　　凭　　证

年　月　日　　　　　字第　　号

摘要	会计科目		借方金额										贷方金额										记账
	总账科目	明细科目	亿	千	百	十	万	千	百	十	元	角	分	亿	千	百	十	万	千	百	十	元	角	分	
附件　　张	合　　计																							

会计主管　　　　　记账　　　　　出纳　　　　　审核　　　　　制证

任务3　小规模纳税人兼营销售货物和应税行为纳税申报

4.3.1　任务目标

①通过完成任务,掌握小规模纳税人发生应税行为通用业务的申报流程和申报表填写方法。

②熟练掌握小规模纳税人缴纳增值税和附加税业务的账务处理方法。

③熟练判读普通发票汇总表。

4.3.2　任务角色

办税员、国税税管员、地税税管员、会计、出纳、会计主管。

4.3.3　任务资料

星星乐器培训有限公司是小规模纳税人,主营业务是销售钢琴等乐器,并提供钢琴培训服务,这两项业务的增值税征收率均为3%。此外,星星乐器培训将自有的一栋建筑物出租给金艺舞蹈培训中心,这项业务属于不动产租赁服务,征收率为5%。2017年4月5日从开票系统打印出2017年1—3月普通发票汇总表,如表4.18所示。

表4.18　普通发票汇总表

普通发票汇总表						
制表日期:2017年04月02日　专用发票统计表1-02						
正数发票清单(2017年4月)						
纳税人登记号:51442000834012345G						
企业名称:中山市星星乐器培训有限公司						
地址电话:东区兴文路7号　金额单位:元						
★　发票领用存情况　★						
期初库存份数	13	正数发票份数	20	负数发票份数	1	
购进发票份数	25	正数废票份数	1	负数废票份数	1	
退回发票份数	0	期末库存份数	11			

★销项情况★	金额单位:元					
序号	项目名称	合计	3%	5%	6%	4%	其他
1	销项正废金额	3 000.00	0.00	3 000.00	0.00	0.00	0.00
2	销项正数金额	420 000.00	390 000.00	30 000.00	0.00	0.00	0.00
3	销项负废金额	1 000.00	1 000.00	0.00	0.00	0.00	0.00
4	销项负数金额	10 000.00	10 000.00	0.00	0.00	0.00	0.00
5	实际销售金额	410 000.00	380 000.00	30 000.00	0.00	0.00	0.00

续表

序号	项目名称	合计	3%	5%	6%	4%	其他
6	销项正废税额	150.00	0.00	150.00	0.00	0.00	0.00
7	销项正数税额	13 200	11 700	1 500.00	0.00	0.00	0.00
8	销项负废税额	30.00	30.00	0.00	0.00	0.00	0.00
9	销项负数税额	300.00	300.00	0.00	0.00	0.00	0.00
10	实际销项税额	12 900.00	11 400.00	1 500.00	0.00	0.00	0.00
小计							
总计							

4.3.4　任务书

1) 任务列表

如表 4.19 所示。

表 4.19　任务表

子任务		任务描述	任务指导
(一)	申报缴纳增值税	1. 2017 年 4 月 10 日,办税员登录广东电子税务局网站申报第四季度增值税。 2. 国税税管员审核申报表,填制增值税电子缴税凭证并传递到银行扣收款项。	兼营不同税率的应税项目,在纳税申报表上应分别填列。
(二)	申报附加税	1. 2017 年 4 月 10 日,办税员登录广东电子税务局网站申报第三季度增值税附加税。 2. 地税税管员审核申报表,填制增值税电子缴税凭证并传递到银行扣收款项。	1. 自 2017 年 3 月起,小规模纳税人申报缴纳增值税和附加税可以合并在广东电子税务局网站完成,不需要单独在地税局系统申报。 2. 根据《财政部、国家税务总局关于扩大有关政府性基金免征范围的通知》(财税〔2016〕12 号)规定,从 2016 年 2 月 1 日起,月纳税营业额或销售额不超 10 万元(季纳税营业额或销售额不超过 30 万元)的缴纳义务人,免征教育费附加、地方教育附加。
(三)	电子缴税凭证账务处理	1. 2017 年 4 月 15 日,会计根据取得的电子缴税凭证逐张编制记账凭证,凭证日期为业务发生日期。 2. 出纳对需要出纳签名的凭证进行签名。 3. 会计主管审核记账凭证。	裁下电子缴税凭证作为记账凭证附件。

2)任务表格

《增值税纳税申报表(小规模纳税人适用)》1 份,《税(费)通用申报表》1 份,电子缴税凭证 2 份,记账凭证 3 份。如表 4.20～表 4.26 所示。

表 4.20 增值税纳税申报表

(小规模纳税人适用)

纳税人名称(公章)　　　　纳税人识别号:　　　　　　　　金额单位:元至角分

税款所属期:　　年　月　日至　　年　月　日　　　　　填表日期:　　年　月　日

	项目	栏次	本期数		本年累计	
			货物及劳务	服务、不动产和无形资产	货物及劳务	服务、不动产和无形资产
一、计税依据	(一)应征增值税不含税销售额(3%征收率)	1				
	税务机关代开的增值税专用发票不含税销售额	2				
	税控器具开具的普通发票不含税销售额	3				
	(二)应征增值税不含税销售额(5%征收率)	4				
	税务机关代开的增值税专用发票不含税销售额	5				
	税控器具开具的普通发票不含税销售额	6				
	(三)销售使用过的固定资产不含税销售额	7(7≥8)				
	其中:税控器具开具的普通发票不含税销售额	8				
	(四)免税销售额	9 = 10 + 11 + 12				
	其中:	10				
	小微企业免税销售额	11				
	未达起征点销售额	12				
	其他免税销售额	13(13≥14)				
	(五)出口免税销售额	14				
	其中:税控器具开具的普通发票销售额	15				

续表

项目	栏次	本期数		本年累计	
		货物及劳务	服务、不动产和无形资产	货物及劳务	服务、不动产和无形资产
二、税款计算 本期应纳税额	16				
本期应纳税额减征额	17				
其中:小微企业免税额 未达起征点免税额	18				
应纳税额合计	19				
本期预缴税额	20 = 15 − 18				
本期应补(退)税额	21				

表 4.21 税（费）通用申报表

纳税人识别号：

纳税人名称：

行次	征收项目	征收品目	征收子目	税（费）款所属期起	税（费）款所属期止	收入总额数量或总数量（原值、缴费基数）	减除项	应税所得率	计税（费）依据	税（费）率或单位税额	速算扣除数	本期应纳税（费）额	减免性质代码	减免税（费）额	本期已缴税（费）额	本期应补（退）税（费）额
1																
2																
3																

表4.22 电子缴税凭证

电子缴税凭证

填发日期:20170410　　　　缴税日期:20170411　　　　电子交易流水号:0000011197580313

纳税人代码:51442000381600575G　　　　　　　　征税机关:国税直属分局

纳税人全称:中山市星星乐器培训有限公司　　　　开户行:中国工商银行中山东区支行

缴款账号:2011027109256539872　　　　　　　　国库

税种(品目名称)	预算科目、预算级次	税款所属期	实缴金额
增值税(小规模3%) 增值税(小规模有形动产租赁5%)	101010106,67	20170101—20170331	
金额合计	(大写)		
备 注			

主办:　　　　　复核:　　　　　　　　经办:

表4.23 电子缴税凭证

电子缴税凭证

填发日期:20170410　　　　缴税日期:20170411　　　　电子交易流水号:00000111975123456

纳税人代码:51442000381600575G　　　　　　　　征税机关:国税直属分局

纳税人全称:中山市星星乐器培训有限公司　　　　开户行:中国工商银行中山东区支行

缴款账号:2011027109256539872　　　　　　　　国库

税种(品目名称)	预算科目、预算级次	税款所属期	实缴金额
城市维护建设税　市区(增值税附征)	101090603	20170101—20170331	
地方教育费附加　增值税地方教育费附加	103021621	20170101—20170331	
教育费附加　增值税教育费附加	10302030103	20170101—20170331	
金额合计	(大写)		
备 注			

主办:　　　　　复核:　　　　　　　　经办:

表 4.24　记账凭证

记　账　凭　证

						日											字第　　号	

摘要	会计科目		借方金额											贷方金额											记账
	总账科目	明细科目	亿	千	百	十	万	千	百	十	元	角	分	亿	千	百	十	万	千	百	十	元	角	分	
附件　　张	合　计																									

会计主管　　　　　记账　　　　　出纳　　　　　　审核　　　　　　制证

表 4.25　记账凭证

记　账　凭　证

						日											字第　　号	

摘要	会计科目		借方金额											贷方金额											记账
	总账科目	明细科目	亿	千	百	十	万	千	百	十	元	角	分	亿	千	百	十	万	千	百	十	元	角	分	
附件　　张	合　计																									

会计主管　　　　　记账　　　　　出纳　　　　　　审核　　　　　　制证

表 4.26　记账凭证

记　　账　　凭　　证

			年　　月　　日											字第　　号										
摘要	会计科目		借方金额											贷方金额										记账
	总账科目	明细科目	亿	千	百	十	万	千	百	十	元	角	分	亿	千	百	十	万	千	百	十	元	角	分	
附件　　　　张	合　　计																								

会计主管　　　　　　记账　　　　　　出纳　　　　　　审核　　　　　　制证

任务 4　小规模纳税人销售免税货物

4.4.1　知识背景

根据规定,纳税人销售下列项目免征增值税:

①农业生产者销售的自产农业产品,即从事农业生产单位和个人出售的初级农业产品,包括种植业、养殖业、林业、牧业、水产业的初级产品。

②避孕药品和用具。

③古旧图书,指向社会收购的古书和旧书。

④直接用于科学研究、科学试验和教学的进口仪器、设备。

⑤外国政府、国际组织无偿援助的进口物资和设备。

⑥由残疾人组织直接进口供残疾人专用的物品。

⑦销售的自己使用过的物品,是指《增值税条例》第16条所称其他个人自己使用过的游艇、摩托车、应征消费税的汽车以外的货物。

根据《国家税务总局关于全面推开营业税改征增值税试点有关税收征收管理事项的公告》(国家税务总局公告〔2016〕23号)中“六、其他纳税事项”明确“(二)增值税小规模纳税人应分别核算销售货物,提供加工、修理修配劳务的销售额,和销售服务、无形资产的销售额。增值税小规模纳税人销售货物,提供加工、修理修配劳务月销售额不超过3万元(按季

纳税9万元),销售服务、无形资产月销售额不超过3万元(按季纳税9万元)的,自2016年5月1日起至2017年12月31日,可分别享受小微企业暂免征收增值税优惠政策。"

尽管免税,纳税人仍需按期填报增值税纳税申报表和附加税申报表。

4.4.2　任务目标

①通过完成任务,掌握免征增值税的范围。

②通过完成任务,掌握小微企业免征增值税的政策。

③掌握免税填报增值税申报表的方法。

4.4.3　任务角色

办税员、国税税管员、地税税管员。

4.4.4　任务资料

中山市大自然花木场是一家从事花木销售的小规模纳税人,纳税人识别号是:442000387654322K。

2017年7—9月,大自然花木场开具一张销售免税花木的增值税销售发票,一张销售花盆的增值税发票,花盆不属于免税范围,按3%征收率征税。如图4.1和图4.2所示。

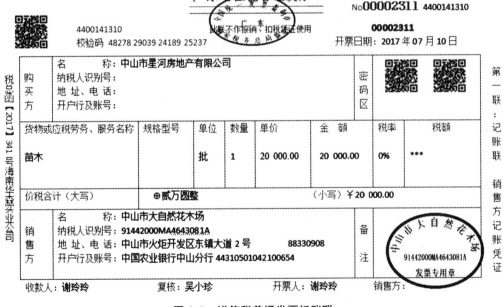

图 4.1　增值税普通发票记账联

广东增值税普通发票

No 00002312　4400141310

00002312

开票日期：2017 年 07 月 10 日

此联不作报销、抵扣凭证使用

4400141310
校验码 48278 29039 24189 25237

税办函 [2017] 341 号海南华大兴业公司

| 购买方 | 名　称：中山市星河房地产有限公司
纳税人识别号：
地　址、电话：
开户行及账号： | | | | | | 密码区 | |

货物或应税劳务、服务名称	规格型号	单位	数量	单价	金　额	税率	税额
花盆		批	1	10 000.00	10 000.00	3%	300.00
价税合计（大写）　⊕壹万零叁佰圆整					（小写）￥10 300.00		

| 销售方 | 名　称：中山市大自然花木场
纳税人识别号：91442000MA4643081A
地　址、电话：中山市火炬开发区东镇大道 2 号　　88330908
开户行及账号：中国农业银行中山分行 44310501042100654 | | 备注 | 中山市大自然花木场
91442000MA4643081A
发票专用章 |

第一联：记账联　销售方记账凭证

收款人：谢玲玲　　　　复核：吴小珍　　　　开票人：谢玲玲　　　　销售方：

图 4.2　增值税普通发票记账联

4.4.5　任务书

1) 任务列表

如表 4.27 所示。

表 4.27　任务表

子任务	任务描述	任务指导
（一）　申报缴纳增值税	1. 2017 年 10 月 10 日，办税员登录广东电子税务局网站申报第四季度增值税。 2. 国税税管员审核申报表，填制增值税电子缴税凭证并传递到银行扣收款项。	1. 大自然花木场本季度取得销售收入共计 30 000 元，小于 90 000 元，符合小微企业免征增值税规定，因此，本期大自然花木场免征增值税。倘若大自然花木场申报期内取得免税和普通销售收入超过 90 000 元，则普通销售项目需要单独计算缴纳增值税。如免税项目销售收入 30 000 元，普通销售收入 70 000 元（不含增值税），合计 100 000 元，不符合小微企业免征增值税规定，则需缴纳增值税 70 000×3% = 2 100 元。因此，规定中所称的销售收入，是指全部销售货物的合计数。 2. 大自然花木场销售免税货物和普通货物，应分别在申报表上列示。 3. 大自然花木场本期有减免税项目，需要填列《增值税减免税申报明细表》。 4. 本期大自然花木场不需要缴纳增值税，但仍需按季填报申报表，由于应征税为 0，因此没有银行扣款回单。

续表

子任务	任务描述	任务指导
（二）申报附加税	1. 2018 年 10 月 10 日，办税员登录广东电子税务局网站申报第三季度增值税附加税。 2. 地税税管员审核申报表，填制增值税电子缴税凭证并传递到银行扣收款项。	不需要缴纳税款也需要零申报。

2) 任务表格

《增值税纳税申报表(小规模纳税人适用)》1 份，《增值税减免税申报明细表》1 份，《税(费)通用申报表》1 份。如表 4.28 ~ 表 4.30 所示。

表 4.28　增值税纳税申报表

(小规模纳税人适用)

纳税人名称(公章)　　　　　纳税人识别号：　　　　　　　　　金额单位:元至角分

税款所属期：　　年　月　日至　　年　月　日　　　　　填表日期：　　年　月　日

	项目	栏次	本期数		本年累计	
			货物及劳务	服务、不动产和无形资产	货物及劳务	服务、不动产和无形资产
一、计税依据	（一）应征增值税不含税销售额(3%征收率)	1				
	税务机关代开的增值税专用发票不含税销售额	2				
	税控器具开具的普通发票不含税销售额	3				
	（二）应征增值税不含税销售额(5%征收率)	4				
	税务机关代开的增值税专用发票不含税销售额	5				
	税控器具开具的普通发票不含税销售额	6				
	（三）销售使用过的固定资产不含税销售额	7(7≥8)				
	其中:税控器具开具的普通发票不含税销售额	8				
	（四）免税销售额	9 = 10 + 11 + 12				
	其中:	10				
	小微企业免税销售额	11				
	未达起征点销售额	12				
	其他免税销售额	13（13 ≥ 14）				
	（五）出口免税销售额	14				
	其中:税控器具开具的普通发票销售额	15				

续表

	项目	栏次	本期数		本年累计	
			货物及劳务	服务、不动产和无形资产	货物及劳务	服务、不动产和无形资产
二、税款计算	本期应纳税额	16				
	本期应纳税额减征额	17				
	其中：小微企业免税额 未达起征点免税额	18				
	应纳税额合计	19				
	本期预缴税额	20 = 15 − 18				
	本期应补（退）税额	21				

表 4.29 附件 1 增值税减免申报明细表

纳税人名称（公章）：

税款所属时间：自 年 月 日至 年 月 日

金额单位：元（列至角分）

一、减税项目

减税性质代码及名称	栏次	期初余额 1	本期发生额 2	本期应抵减税额 3=1+2	本期实际抵减税额 4≤3	期末余额 5=3-4
合计	1					
	2					
	3					
	4					
	5					
	6					

二、免税项目

免税性质代码及名称	栏次	免征增值税项目销售额 1	免税销售额扣除项目本期实际扣除金额 2	扣除后免税销售额 3=1−2	免税销售额对应的进项税额 4	免税额 5
合计	7					
出口免税	8		—	—	—	—
免税农产品	9					
小微企业免税	10					
	11					
	12					
	13					
	14					
	15					

表 4.30　税（费）通用申报表

纳税人识别号：

纳税人名称：

行次	征收项目	征收品目	征收子目	税（费）款所属期起	税（费）款所属期止	收入总额或总数量（原值、缴费基数）	减除项	应税所得率	计税（费）依据	税（费）率或单位税额	速算扣除数	本期应纳税（费）额	减免性质代码	减免税（费）额	本期已缴税（费）额	本期应补（退）税（费）额
1																
2																
3																

模块 5 个人所得税纳税实务

依照《中华人民共和国个人所得税法》,下列各项个人所得,应纳个人所得税:

1. 工资、薪金所得。

2. 个体工商户的生产、经营所得。

3. 对企事业单位的承包经营、承租经营所得。

4. 劳务报酬所得。

5. 稿酬所得。

6. 特许权使用费所得。

7. 利息、股息、红利所得。

8. 财产租赁所得。

9. 财产转让所得。

10. 偶然所得。

11. 经国务院财政部门确定征税的其他所得。

个人所得税,以所得人为纳税义务人,以支付所得的单位或者个人为扣缴义务人。

任务 1 国内人员工资薪金个人所得税缴纳申报

5.1.1 知识背景

根据《中华人民共和国个人所得税法》,工资个税的计算公式为:

应纳税额 = 应纳税所得额 × 适用税率 − 速算扣除数

应纳税所得额 = 工资薪金所得 − "五险一金" − 扣除数

其中:个税起征点是 3 500 元,即公式中的扣除数是 3 500 元 。"五险一金"是指由个人承担缴纳的养老、失业、医疗、工伤、生育等社会保险和住房公积金。

个人所得税实行超额累进税率,税率表如表 5.1 所示。

表 5.1 税率表

级数	全月应纳税所得额(含税级距)	全月应纳税所得额(不含税级距)	税率/%	速算扣除数
1	不超过 1 500 元	不超过 1 455 元的	3	0
2	超过 1 500 元至 4 500 元的部分	超过 1 455 元至 4 155 元的部分	10	105
3	超过 4 500 元至 9 000 元的部分	超过 4 155 元至 7 755 元的部分	20	555

续表

级数	全月应纳税所得额(含税级距)	全月应纳税所得额(不含税级距)	税率/%	速算扣除数
4	超过 9 000 元至 35 000 元的部分	超过 7 755 元至 27 255 元的部分	25	1 005
5	超过 35 000 元至 55 000 元的部分	超过 27 255 元至 41 255 元的部分	30	2 755
6	超过 55 000 元至 80 000 元的部分	超过 41 255 元至 57 505 元的部分	35	5 505
7	超过 80 000 元的部分	超过 57 505 元的部分	45	13 505

5.1.2 任务目标

①掌握发工资、扣缴个人所得税等相关业务的流程。
②熟练计算工资薪金的个人所得税。
③准确填写工资薪金个人所得税申报表。
④掌握代扣工资薪金个人所得税和缴纳个人所得税的账务处理方法。

5.1.3 任务角色

办税员、会计主管、总经理、会计、出纳、银行工作人员。

5.1.4 任务资料

1)任务列表

如表 5.2 所示。

表 5.2 任务表

	子任务	任务描述	任务指导
(一)	计算个人所得税	1.2016 年 12 月,办税员从人事部门取得 2016 年 12 月的工资表,计算应代扣代缴的个人所得税。 2.会计主管审核工资表。 3.总经理审批工资表。	1.表中的养老、医疗和住房公积金是指由个人承担的部分,计算个税时应从工资总额中扣除。 2.应扣合计 = 养老 + 医疗 + 公积金 + 个税 实发工资 = 工资总额 - 应扣合计
(二)	计算分配工资账务处理	1.会计从办税员手中取得工资表,根据工资表编制计算分配 2016 年 12 月工资的记账凭证。 2.会计主管,审核会计编制的记账凭证。	1.按受益原则,工资总额按部门归集到相应的成本和费用账户,其中:生产工人工资计入"基本生产成本",车间管理人员工资计入"制造费用",销售部门人员工资计入"销售费用",其他部门人员工资计入"管理费用"。 2.裁下工资表作为记账凭证的附件,复印一份作为下月发工资和报税的依据。

续表

子任务		任务描述	任务指导
（三）	发放2016年12月工资	1. 2017年1月10日，出纳从会计处取得2016年12月工资表复印件，根据工资表制作工资发放清单，填开支票备发工资。 2. 会计主管审核支票和发放工资清单。 3. 银行工作人员收取支票和清单，并将工资款项支付到员工账户。	1. 支票是支取资金的重要凭证，支票上加盖印鉴方有效，按照内部控制的要求，印鉴的财务章和法人代表私章应该由两个人保管，一般会计主管保管财务专用章，出纳保管法人代表私章。本任务中，由会计主管和出纳分别在支票上盖章。 2. 发放工资的支票属于现金支票，支票正面需要盖一套财务印鉴表示出票，支票背面背书栏也需要盖一套财务印鉴表示委托银行支付款项。同时，出纳还需要在背面签名并写上身份证号码以便银行备查。 3. 支票的存根联是会计记账的附件，银行只收取正本联。
（四）	发放工资账务处理	1. 2017年1月12日，会计从出纳处取得发工资支票的存根联，根据存根联和工资表复印件编制发放2016年12月工资的记账凭证。 2. 会计主管审核会计编制的记账凭证。	支票存根联和工资表复印件作为记账凭证的附件。
（五）	申报缴纳个人所得税	1. 2017年2月10日，办税员从会计处取得2016年12月工资表，根据工资表填报个人所得税申报表。 2. 从银行取得缴纳个人所得税的回单。	1. 2016年12月的工资，1月发放，2月申报，因此，申报表中所得期间起是"20160101"，所得期间止是"20161231"；收入所属期起是"20170101"，收入所属期止是"20170131"；税款负担方式是"02雇主全额负担"；身份证件类型是"201身份证"；所得项目和所得子目均是"0101正常工资薪金"。 2. 个人所得税可以通过广东省电子税务局终端网上申报缴纳。

2）任务表格

《工资表》1份，支票1张，《发放工资清单》1份，《扣缴个人所得税报告表》1份，电子缴税凭证1份，记账凭证2份。如表5.3~表5.8、图5.1和图5.2所示。

雨泽公司 2016 年 12 月工资表如表 5.3 所示。

表 5.3　雨泽公司 2016 年 12 月工资表

单元:元

| 姓名 | 学历 | 管理职务 | 基础薪酬合计 | 津贴附加合计 | 工资总额 | 应扣社保、公积金和个人所得税费用 | | | | 应扣合计 | 实发工资 |
						养老	医疗	公积金	个税		
陈美兰	本科	总经理	8 200	1 100	9 300	656	328	410			
刘金凤	大专	副总经理	7 700	600	8 300	208	308	385			
赵小敏	本科	财务部长	7 300	500	7800	584	292	365			
周嘉琴	本科	会计	5 500	400	5 900	440	220	275			
陈璐	本科	出纳	4 000	400	4 400	320	160	200			
吴荣贵	本科	人事主管	7 000	500	7 500	560	280	350			
李嘉浩	本科	宣传文员	4 400	350	4 750	352	176	220			
吴薇	本科	行政文员	4 400	500	4 900	352	176	220			
黄丹丹	本科	生产车间主任	6 700	500	7 200	536	268	335			
吴敏慧	大专	生产工人	3 500	300	3 800	280	140	175			
梁丽红	本科	采购主管	6 200	800	7 000	496	248	310			
梁绮红	本科	采购人员	3 700	500	4 200	296	148	185			
刘珍美	本科	销售主管	7 000	500	7 500	560	280	350			
李艳敏	专科	销售人员	3 000	500	3 500	240	132	165			
合计			78 600	7 450	86 050	5 880	3 156	3 945			

总经理:　　　　　　　　主管:　　　　　　　　办税员:

（支票正面）

图 5.1　支票(正面)

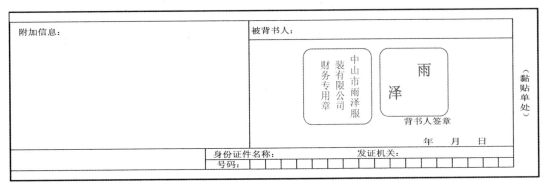

（支票背面）

图 5.2　支票（背面）

表 5.4　工资清单

雨泽公司 2016 年 12 月发放工资清单

单位名称:中山市雨泽服装有限公司（盖章）

姓　名	开户银行	银行账号	实发工资
陈美兰	中国工商银行沙溪支行	6227 3870 9981 6453 321	
刘金凤	中国工商银行沙溪支行	6227 3870 9981 6453 322	
赵小敏	中国工商银行沙溪支行	6227 3870 9981 6453 323	
周嘉琴	中国工商银行沙溪支行	6227 3870 9981 6453 324	
陈璐	中国工商银行沙溪支行	6227 3870 9981 6453 325	
吴荣贵	中国工商银行沙溪支行	6227 3870 9981 6453 326	
李嘉浩	中国工商银行沙溪支行	6227 3870 9981 6453 327	
吴薇	中国工商银行沙溪支行	6227 3870 9981 6453 328	
黄丹丹	中国工商银行沙溪支行	6227 3870 9981 6453 329	
吴敏慧	中国工商银行沙溪支行	6227 3870 9981 6453 330	
梁丽红	中国工商银行沙溪支行	6227 3870 9981 6453 331	
梁绮红	中国工商银行沙溪支行	6227 3870 9981 6453 332	
刘珍美	中国工商银行沙溪支行	6227 3870 9981 6453 335	
李艳敏	中国工商银行沙溪支行	6227 3870 9981 6453 336	
合计			

主管:　　　　　　　　　出纳:

表 5.5　扣缴个人所得税报告表（国内人员）

税款所属期：　　年　　月　　日至　　年　　月　　日

扣缴义务人名称：

扣缴义务人所属行业：□一般行业　□特定行业　月份申报

扣缴义务人纳税人识别号：□□□□□□□□□□□□□□□

金额单位：人民币元（列至角分）

序号	姓名	身份证件类型	身份证件号码	所得项目	所得期间起	所得期间止	收入所属期起	收入所属期止	含税收入额	税前扣除项目				法定减除费用	税款负担方式	应纳税所得额	税率%	速算扣除数	应纳税额
										基本养老保险费	基本医疗保险费	住房公积金	合计						
1	2	3	4	5	6	7	8	9	10	11	12	13	14	15	16	17	18	19	20

谨声明：此扣缴报告表是根据《中华人民共和国个人所得税法》及其实施条例和国家有关税收法律法规规定填写的，是真实的、完整的，可靠的。

法定代表人（负责人）签字：　　　　　年　　月　　日

扣缴义务人公章：

经办人：　　　　　年　　月　　日

填表日期：

表 5.6 电子缴税凭证

电子缴税凭证

填发日期:20170215　　　　缴税日期:20170210　　　　电子交易流水号:0000011197570325

纳税人代码:51442000570101234X　　　　　　征税机关:中山市地方税务局沙溪分局

纳税人全称:中山市雨泽服装有限公司　　　　　开户行:中国工商银行沙溪支行

缴款账号:37000000800660000123　　　　　　国库

税种(品目名称)	预算科目、预算级次	税款所属期	实缴金额
个人所得税		20170101—20170131	
金额合计	(大写)		
备　注			

主办:　　　　　　　复核:　　　　　　　经办:

表 5.7 记账凭证

记　　账　　凭　　证

年　　月　　日　　　　　　字第　　号

摘要	会计科目		借方金额										贷方金额										记账
	总账科目	明细科目	亿	千	百	十	万	千	百	十	元	角	分	亿	千	百	十	万	千	百	十	元	角	分
附件　　张	合　计																							

会计主管　　　　　记账　　　　　出纳　　　　　审核　　　　　制证

表 5.8　记账凭证

摘要	会计科目		借方金额											贷方金额											记账
	总账科目	明细科目	亿	千	百	十	万	千	百	十	元	角	分	亿	千	百	十	万	千	百	十	元	角	分	
附件　　张	合　计																								

会计主管　　　　　　记账　　　　　　出纳　　　　　　审核　　　　　　制证

任务 2　境外人员工资薪金纳税申报

5.2.1　知识背景

根据《中华人民共和国个人所得税法》,在中国境内无住所又不居住或者无住所而在境内居住不满 1 年的个人,从中国境内取得的所得,依照本法规定缴纳个人所得税。其中,个人包括外国人和中国港、澳、台同胞。税率表如表 5.9 所示。计缴个人所得税的方法与国内人员的计税方法一致,不同的是税前扣除是 4 800 元,即:

应纳税所得额 = 工资总额 - 4 800 - 五险一金

应纳税额 = 应纳税所得额 × 适用税率 - 速算扣除数

表 5.9　工资、薪金所得适用个人所得税累进税率表

级数	全月应纳税所得额		税率/%	速算扣除数
	含税级距	不含税级距		
1	不超过 1 500 元的	不超过 1 455 元的	3	0
2	超过 1500 元至 4 500 元的部分	超过 1 455 元至 4 155 元的部分	10	105
3	超过 4 500 元至 9 000 元的部分	超过 4 155 元至 7 755 元的部分	20	555

级数	全月应纳税所得额		税率/%	速算扣除数
	含税级距	不含税级距		
4	超过 9 000 元至 35 000 元的部分	超过 7 755 元至 27 255 元的部分	25	1 005
5	超过 35 000 元至 55 000 元的部分	超过 27 255 元至 41 255 元的部分	30	2 755
6	超过 55 000 元至 80 000 元的部分	超过 41 255 元至 57 505 元的部分	35	5 505
7	超过 80 000 元的部分	超过 57 505 元的部分	45	13 505

5.2.2　任务目标

①熟练计算境外个人工资薪金所得税的计算方法。
②掌握由雇主承担个人所得税的税前工资薪金计算方法。
③掌握申报国外人员工资薪金个人所得税的方法。

5.2.3　任务角色

办税员、会计主管、总经理。

5.2.4　任务资料

雨泽公司聘请了两位香港专家作为设计顾问,这两位专家不在中国境内交纳社保和住房公积金,个税由公司承担,2016 年 12 月支付的工资如表 5.10 所示。

表 5.10　雨泽公司外聘专家 2016 年 12 月工资表

序号	姓名	英文名	回乡证号	计税工资	个税	实发工资
1	李建业	LI JIANYE	H0060513001			15 000
2	刘美玲	LIU MEILING	H0060043518			8 000

5.2.5　任务书

1)任务列表

如表 5.11 所示。

表 5.11　任务表

子任务	任务描述	任务指导
(一) 计算国外人员的税前工资以及个税	1.2016 年 12 月,办税员从人事部门取得 2016 年 12 月外聘专家工资表,计算税前工资以及个人所得税。 2.会计主管审核办税员编制的工资表。 3.总经理审批工资表。	1.外聘专家取得的是实发工资,个人所得税由雇主承担,计算个人所得税时要按照不含税级距。 2.国外人员的税前扣除标准是 4 800 元。 3.个人所得税率见表 5.9。

续表

子任务	任务描述	任务指导
（二） 申报缴纳国外人员工资薪金个人所得税	1.2017 年 2 月 10 日,办税员从会计处取得 2016 年 12 月工资表,根据工资表填报个人所得税申报表。 2.从银行取得缴纳个人所得税的回单。	1.2016 年 12 月的工资,1 月发放,2 月申报,因此申报表中所得期间是 2016 年 12 月,收入所属期间是 2017 年 1 月,所得项目和所得子目均是正常工资薪金。 2.个人所得税可以通过广东省电子税务局终端网上申报缴纳。 3.填表说明: (1)税收协定是指两个或两个以上的主权国家为了协调相互间在处理跨国纳税人征纳事务方面的税收关系,本着对等原则,通过政府间谈判所签订的确定其在国际税收分配关系的具有法律效力的书面协议或条约,香港是我国的税收协定地区。 (2)在华居住情况:代码 03,即满 1 年不超过 5 年。 (3)税款负担方式:代码 02,即雇主全额负担。

2)任务表格

《工资表》1 份,《扣缴个人所得税报告表(境外人员)》1 份。如表 5.12 和表 5.13 所示。

表 5.12　雨泽公司外聘专家 2016 年 12 月工资表

序号	姓名	英文名	回乡证号	计税工资	个　税	实发工资
1	李建业	LI JIANYE	H0060513001			15 000
2	刘美玲	LIU MEILING	H0060043518			8 000

审批:　　　　　审核:　　　　　办税员:

表 5.13　扣缴个人所得税报告表（境外人员）

金额单位：人民币元（列至角分）

扣缴义务人名称：

扣缴义务人纳税人识别号：□□□□□□□□□□□□□□□

税款所属期：　　年　　月　　日至　　年　　月　　日

扣缴义务人所属行业：□一般行业　□特定行业　　月份申报

序号	姓名（中文）	姓名（英文）	身份证件类型	身份证件号码	国籍或地区	是否税收协定国或地区	职务	在华居住情况	所得项目	所得子目	所得期间
1	2	3	3	4	5	6	7	8	9	10	11

收入所属期起	含税收入额	税前扣除项目								应纳税所得额	税率/%	速算扣除数	应纳税额
		基本养老保险费	基本医疗保险费	住房公积金	合计	法定减除费用	税款负担方式						
12	13	14	15	16	17	18	19	20			21	23	24	25
合计													

谨声明：此扣缴报告表是根据《中华人民共和国个人所得税法》及其实施条例和国家有关税收法律法规规定填写的，是真实的、完整的、可靠的。

法定代表人（负责人）签字：

扣缴义务人公章：

经办人：

填表日期：　　年　　月　　日

代理机构（人）签章：

经办人：

经办人执业证件号码：

代理申报日期：　　年　　月　　日

任务3　年终奖金个税纳税申报

5.3.1　知识背景:年终奖的计算方式

韩先生在某一公司工作,2015 年 12 月取得扣完社保和住房公积金后工资收入 3 400 元,当月又一次性取得年终奖金 24 100 元。韩先生应缴纳多少个人所得税?

韩先生因当月工资不足 3 500 元,可用其取得的奖金收入 24 100 元补足其差额部分 100 元,剩余 24 000 元除以 12 个月,得出月均收入 2 000 元,其对应的税率和速算扣除数分别为 10% 和 105 元。具体计算公式为:

应纳税额 =（24 100 + 3 400 - 3 500）× 10% - 105 = 2 295(元)

2016 年 12 月韩先生取得扣完社保和住房公积金后工资收入 5 000 元,当月又一次取得年终奖金 30 000 元,则韩先生的年终奖应缴纳多少个人所得税?

由于韩先生 12 月取得的工资超过法定扣除标准 3 500 元,因此,直接用他的年终奖金除以 12 个月得出月均收入 2 500 元,对应的税率和速算扣除数分别是 10% 和 105 元,具体计算公式为:

应纳税额 = 2 500 × 12 × 10% - 105 = 2 895(元)

5.3.2　任务目标

①掌握年终奖金个人所得税的计税方法。
②掌握填报年终奖金扣缴个人所得税申报表。

5.3.3　任务角色

出纳、会计主管、总经理。

5.3.4　任务资料

2016 年雨泽公司年终奖金发放表如表 5.14 所示。

表 5.14　雨泽公司 2016 年度奖金发放表

姓名	学历	管理职务	应付奖金	应扣个税	实发奖金
陈美兰	本科	总经理	10 000		
刘金凤	大专	副总经理	8 500		
赵小敏	本科	财务部长	7 800		
周嘉琴	本科	会计	5 000		
陈璐	本科	出纳	3 500		
吴荣贵	本科	人事主管	4 900		
李嘉浩	本科	宣传文员	3 800		

续表

姓名	学历	管理职务	应付奖金	应扣个税	实发奖金
吴薇	本科	行政文员	4 200		
黄丹丹	本科	生产车间主任	6 500		
吴敏慧	大专	生产工人	3 000		
梁丽红	本科	采购主管	3 800		
梁绮红	本科	采购人员	3 500		
刘珍美	本科	销售主管	13 000		
李艳敏	专科	销售人员	6 700		
合计			84 200		

审批: 审核: 办税员:

5.3.5 任务书

1)任务列表

如表 5.15 所示。

表 5.15 任务表

子任务		任务描述	任务指导
(一)	计算年终奖个税	1. 2016 年 12 月,办税员从人事部门取得年终奖发放表,计算个人所得税。 2. 会计主管审核办税员编制的年终奖发放表。 3. 总经理审批年度奖金发放表。	按照前面知识计算年终奖个人所得税,注意要结合 12 月工资表。
(二)	申报缴纳年终奖金个人所得税	1. 2017 年 2 月 10 日,办税员从会计处取得 2016 年度奖金发放表,根据奖金发放表填报个人所得税申报表。 2. 从银行取得缴纳个人所得税的回单。	1. 所得项目为"全年一次性奖金";所得期间起是"20160101",所得期间止是"20161231";收入所属期起是"20170101",收入所属期止是"20170131";税款负担方式是"02 雇主全额负担";身份证件类型是"201 身份证"。 2. 如果员工 2016 年 12 月取得扣完社保和住房公积金后的工资收入不足 3 500 元,按照与 3 500 的差额填写在"减除费用",取得扣完社保和住房公积金后的工资收入超过 3 500 元的,则不需要填写"减除费用"。

2)任务表格

《年度奖金发放表》1 份,《扣缴个人所得税报告表》1 份。如表 5.14 和表 5.16 所示。

表5.16 扣缴个人所得税报告表（国内人员）

税款所属期： 年 月 日至 年 月 日

扣缴义务人名称：

扣缴义务人纳税人识别号：□□□□□□□□□□□□□□□

扣缴义务人所属行业：□一般行业 □特定行业月份申报

金额单位：人民币元（列至角分）

序号	姓名	身份证件类型	身份证件号码	所得项目	所得期间起	所得期间止	收入所属期起	收入所属期止	含税收入额	税前扣除项目				法定减除费用	税款负担方式	应纳税所得额	税率/%	速算扣除数	应纳税额
										基本养老保险费	基本医疗保险费	住房公积金	合计						
1	2	3	4	5	6	7	8	9	10	11	12	13	14	15	16	17	18	19	20

谨声明：此扣缴报告表是根据《中华人民共和国个人所得税法》及其实施条例和国家有关税收法律法规规定填写的，是真实的、完整的、可靠的。

法定代表人（负责人）签字： 年 月 日

扣缴义务人公章：

经办人：

填表日期： 年 月 日

任务4 支付个人劳务报酬纳税申报

5.4.1 知识背景

1)计算税款

根据《个人所得税法》,支付个人劳务报酬应代扣代缴个人所得税,适用比例税率,税率为20%。对劳务报酬所得一次收入畸高的,可以实行加成征收,依照税法规定计算应纳税额后再按照应纳税额加征五成,超过5万元的部分,加征十成。

劳务报酬所得每次收入不超过4 000元的,减除费用800元;4 000元以上的,减除20%的费用,其余额为应纳税所得额。

表5.17 劳务报酬所得个人所得税税率表

级数	每次应纳税所得额	税率/%	速算扣除数/元
1	不超过20 000元的	20	0
2	超过20 000元~50 000元的部分	30	2 000
3	超过50 000元的部分	40	7 000

另:根据《营业税改征增值税试点实施办法》等规定,提供劳务属增值税的征税范围,个人提供劳务应按次申报纳税,不含税收入额达到500元及以上的,应就当次收入额全额征税,采用简易计税方法,征收率为3%,个人提供劳务随同增值税征收的还有城市维护建设税、教育费附加和地方教育费附加。即:

$$增值税 = \frac{提供劳务收入全额}{1+3\%} \times 3\%$$

城市维护建设税 = 应纳增值税 × 税率(7%,5%或1%)

教育费附加 = 应纳增值税 × 税率(3%)

地方教育费附加 = 应纳增值税 × 税率(2%)

因此,个人提供劳务报酬需要同时缴纳个人所得税、增值税及附加税。

例如:王先生5月为美利达公司提供咨询服务获得480元报酬,6月为永和公司提供培训获得750元报酬,7月为金太阳公司提供设计服务取得1 800元报酬。则王先生各月应纳税额如下:

5月报酬480元未达到增值税和个人所得税的起征点,应纳税额为0。

6月未达到个人所得税的起征点,只需交纳增值税及附加税:

$$增值税:\frac{750}{1+3\%} \times 3\% = 21.84(元)$$

城市维护建设税:$21.84 \times 7\% = 1.53(元)$

教育费附加:$21.84 \times 3\% = 0.65(元)$

地方教育费附加:$21.84 \times 2\% = 0.44(元)$

应纳税额合计:21.84 + 1.53 + 0.65 + 0.44 = 24.46(元)

7 月需交个人所得税、增值税及附加税:

个人所得税:$\left(\dfrac{1\ 800}{1 + 3\%} - 800 \right) \times 20\% = 189.51$(元)

增值税:$\dfrac{1\ 800}{1 + 3\%} \times 3\% = 54.43$(元)

城市维护建设税:$54.43 \times 7\% = 3.67$(元)

教育费附加:$54.43 \times 3\% = 1.63$(元)

地方教育费附加:$54.43 \times 2\% = 1.09$(元)

应纳税额合计 = 189.51 + 54.43 + 3.67 + 1.63 + 1.09 = 250.33(元)

其中,增值税在国税申报交纳,附加税和个人所得税在地税申报交纳。

2) 增值税申报方式

根据我国《会计法》规定,发生经济业务应填制或取得合法凭证,支付个人劳务可以通过以下两种方式取得合法凭证:

(1) 委托税局代开发票

支付劳务费的单位可以持营业执照副本、劳务费收取人身份证到国税局委托代开发票。

(2) 电子(网络)发票应用系统自开

通过电子(网络)发票应用系统开具发票需要先与税务局签订委托代开协议。

委托国税局代开发票和通过电子(网络)发票应用系统自行开具发票的同时也是完成增值税申报缴纳的过程,因此,支付个人劳务无需单独申报增值税。

5.4.2　任务目标

①掌握支付个人劳务报酬应缴纳的全部税种。

②准确计算支付个人劳务应缴纳的各项税。

③掌握支付个人劳务申报的流程。

④准确填写支付个人劳务各项税的申报表。

⑤掌握支付个人劳务相关的账务处理。

5.4.3　任务角色

5 人 1 组,A 同学担任雨泽公司办税员,B 同学担任雨泽公司会计主管,C 同学担任雨泽公司总经理,D 同学担任雨泽公司会计,E 同学担任雨泽公司出纳。

5.4.4　任务资料

雨泽公司 2016 年 12 月聘请了一批专家对公司的管理制度进行咨询服务,表 5.18 是支付的劳务费表,即支付表。

表 5.18   雨泽公司专家劳务费支付表

序号	姓名	应付金额/元	增值税	城市维护建设税	教育费附加	地方教育费附加	个人所得税	应纳税合计	实付金额/元	签收
1	周海洋	3 000.00								
2	陈浩	4 500.00								
3	高敏	1 100.00								
4	李勇	800.00								
5	徐灵灵	750.00								
6	刘艳凤	550.00								
7	黄文敏	500.00								
8	蔡楷	450.00								
总计	金额小写	11 650.00								

总经理：   会计主管：   办税员：

5.4.5   任务书

1) 任务列表

如表 5.19 所示。

表 5.19   任务表

子任务	任务描述	任务指导
（一）计算支付个人劳务费需要代扣代缴的各项税额	1. 办税员计算支付个人劳务应代扣代缴的各项税额。 2. 会计主管审核办税员计算好的支付表。 3. 总经理审批支付表。	1. 根据规定，支付个人劳务不含税收入 500 元以下（不含 500 元）不需要缴纳增值税及附加税，支付个人劳务不含税收入 800 元以下（含 800 元），不需要缴纳个人所得税。 2. 表中的应收金额是指含税收入，应换算成不含税收入，征收率是 3%，即： 不含税收入 $= \dfrac{\text{含税收入}}{1+3\%}$
（二）支付个人劳务账务处理	1. 2016 年 12 月，会计根据支付表编制分配劳务费的记账凭证。 2. 会计主管审核会计编制好的记账凭证。	支付的劳务费计入"管理费用"。

续表

子任务		任务描述	任务指导
（三）	支付个人劳务费	1.2017 年 1 月 5 日,办税员登录电子（网络）发票应用系统开具支付个人劳务发票。 2.出纳按照审批好的支付表发放现金。	1.开具发票也是申报缴纳增值税的过程,因此,无须单独申报增值税。 2.支付现金时,应取得领取人的签名。
（四）	申报缴纳增值税附加税和个人所得税	1.2017 年 1 月 5 日,办税员登录广东省电子税务局填报附加税代扣代缴明细申报表。 2.2017 年 1 月 5 日,办税员登录广东省电子税务局填报个人所得税申报表。 3.地税局税管员开出电子缴税凭证传递到银行代扣款项。	1.城市维护建设费:项目代码 10109,税率是 7%;教育费附加:项目代码 30203,税率是 3%;地方教育费附加:项目代码 30216,税率 2%。 2.城市维护建设税、教育费附加和地方教育费附加应分别按个人明细填列。 3.代扣代缴报告表根据代扣代缴明细表按征收项目汇总填列。 4.填报个人所得税征收项目:0400 劳务报酬;法定减除费用:800 元;税率:20%。
（五）	缴税凭证账务处理	1.出纳从银行取得电子缴税凭证。 2.会计根据签领好的个人劳务费支付表和电子缴税凭证编制记账凭证。 3.会计主管审核会计编制的记账凭证。	1.裁下支付表、电子缴税凭证作为记账凭证的附件。 2.根据支付表编写一张记账凭证,根据缴税凭证编写一张记账凭证。

2) 任务表格

《支付表》《代扣代缴、代收代缴税款报告表》《代扣代缴、代收代缴明细报告表》《扣缴个人所得税报告表(国内人员)》各 1 份,《电子缴税凭证》2 份,记账凭证 3 份。如表 5.18、表 5.20 ~ 表 5.27 所示。

表 5.20　代扣代缴、代收代缴税款报告表（列表数据由明细表汇总）

扣缴义务人
识别号：*

扣缴义务人
名称：*

税款
所属期：*　　　　　至 *

填表日期：　　　　　经办人：

V1.0

序号	征收项目	征收品目	税款所属期起	税款所属期止	计税依据	扣除项目标准	适用税率或单位税额	应减免税额	应代扣代缴代收代缴税额	实代扣代缴代收代缴税额
	1	2	3	4	5	6	8	9	10	11	12
1	—	—	—	—	—						
合计											

表5.21 代扣代缴、代收代缴明细报告表

序号*	被代扣代缴代收代缴纳税人名称*	身份证件类型*	证件号码*	征收项目*	征收品目*	税款所属期起*	税款所属期止*	计税依据*	适用税率或单位税额*	应代扣代缴代收代缴税额*	实代扣代缴代收代缴税额*
1	4	5	7	8	9	11	12	14	17	23	24
	—	—	—	—	—	—	—	—	—		
合计											

表5.22 扣缴个人所得税报告表（国内人员）

税款所属期：　　年　　月　　日至　　年　　月　　日

扣缴义务人名称：

扣缴义务人纳税人识别号：□□□□□□□□□□□□□□□

扣缴义务人所属行业：□一般行业　□特定行业月份申报

金额单位：人民币元（列至角分）

序号	姓名	身份证件类型	身份证件号码	所得项目	所得期间起	所得期间止	收入所属期起	收入所属期止	含税收入额	税前扣除项目				法定减除费用	税款负担方式	应纳税所得额	税率/%	速算扣除数	应纳税额
										基本养老保险费	基本医疗保险费	住房公积金	合计						
1	2	3	4	5	6	7	8	9	10	11	12	13	14	15	16	17	18	19	20

谨声明：此扣缴报告表是根据《中华人民共和国个人所得税法》及其实施条例和国家有关税收法律法规填写的，是真实的、完整的、可靠的。

法定代表人（负责人）签字：

扣缴义务人公章：　　　　年　　月　　日

经办人：

填表日期：　　年　　月　　日

表 5.23　电子缴税凭证

电子缴税凭证

填发日期:20170106　　　　缴税日期:20170107　　　　电子交易流水号:0000011197570867

纳税人代码:51442000570101234X　　　　　　征税机关:国税局直属分局

纳税人全称:中山市雨泽服装有限公司　　　　开户行:中国工商银行中山沙溪支行

缴款账号:3700000800660000123　　　　　　国库

税种(品目名称)	预算科目、预算级次	税款所属期	实缴金额
增值税(支付个人劳务)		20161201—20161231	
金额合计	(大写)		
备　　注			

主办:　　　　　　复核:　　　　　　　　　　经办:

表 5.24　电子缴税凭证

电子缴税凭证

填发日期:20170106　　　　缴税日期:20170107　　　　电子交易流水号:0000011197570432

纳税人代码:51442000570101234X　　　　　　征税机关:地税局沙溪分局

纳税人全称:中山市雨泽服装有限公司　　　　开户行:中国工商银行中山沙溪支行

缴款账号:3700000800660000123　　　　　　国库

税种(品目名称)	预算科目、预算级次	税款所属期	实缴金额
城市维护建设税(增值税附加)		20161201—20161231	
教育费附加(增值税附加)		20161201—20161231	
地方教育费附加(增值税附加)		20161201—20161231	
个人所得税(劳务报酬)		20161201—20161231	
金额合计	(大写)		
备　　注			

主办:　　　　　　复核:　　　　　　　　　　经办:

表 5.25　记账凭证

记　　账　　凭　　证

年　　月　　日　　　　　字第　　号

摘要	会计科目		借方金额	贷方金额	记账
	总账科目	明细科目	亿 千 百 十 万 千 百 十 元 角 分	亿 千 百 十 万 千 百 十 元 角 分	
附件　　张	合　　计				

会计主管　　　　　　记账　　　　　　出纳　　　　　　审核　　　　　　制证

表 5.26　记账凭证

记　　账　　凭　　证

年　　月　　日　　　　　字第　　号

摘要	会计科目		借方金额	贷方金额	记账
	总账科目	明细科目	亿 千 百 十 万 千 百 十 元 角 分	亿 千 百 十 万 千 百 十 元 角 分	
附件　　张	合　　计				

会计主管　　　　　　记账　　　　　　出纳　　　　　　审核　　　　　　制证

表 5.27　记账凭证

摘要	会计科目		借方金额	贷方金额	记账
	总账科目	明细科目	亿 千 百 十 万 千 百 十 元 角 分	亿 千 百 十 万 千 百 十 元 角 分	
附件　　张	合　计				

会计主管　　　　　记账　　　　　出纳　　　　　审核　　　　　制证

任务 5　偶然所得纳税申报

5.5.1　知识背景

偶然所得是指个人得奖、中奖、中彩以及其他偶然性质的所得,个人参加竞赛获得奖金也属于偶然所得,应缴纳个人所得税。根据个人所得税法,偶然所得按 20% 税率全额征税。比如,小王参加学校举行的会计知识竞赛,取得 500 元奖金,需要交纳个人所得税 $500 \times 20\% = 100$ 元。

5.5.2　任务目标

①掌握偶然所得个人所得税的计算方法。
②掌握偶然所得代扣代缴个人所得税申报缴纳方法。

5.5.3　任务角色

办税员、会计主管、总经理、公司会计、出纳。

5.5.4　任务资料

雨泽公司 2016 年 12 月举办服装设计竞赛,表 5.28 是获奖名单和奖金。

表 5.28　2016 年 12 月雨泽公司服装设计竞赛奖金签领表

名次	姓名	奖金	个人所得税	实收金额(元)	签名
1	陈静	1 500.00			
2	张浩	1 000.00			
3	高玲玲	800.00			
4	李文勇	500.00			
5	徐敏玲	300.00			
总计	金额小写	4 100.00			

总经理：　　　　　会计主管：　　　　　办税员：

5.5.5　任务书

1) 任务书

如表 5.29 所示。

表 5.29　任务表

子任务		任务描述	任务指导
（一）	计算偶然所得个人所得税	1.办税员计算奖金的个人所得税额。 2.会计主管审核办税员计算好的支付表。 3.总经理审批支付表。 4.出纳根据审批后的支付表支付奖金。	1.偶然所得没有税前扣除项目。 2.偶然所得的所得税率是20%。 3.支付奖金时应取得领取人的签名。
（二）	奖金个人所得税申报	办税员,登录广东省电子税务局申报个人所得税。	所得项目是:1 000 元偶然所得。

2) 任务表格

支付表 1 份,《扣缴个人所得税报告表(国内人员)》1 份。如表 5.28 和表 5.30 所示。

表5.30　扣缴个人所得税报告表（国内人员）

税款所属期：　　　年　　月　　日至　　　年　　月　　日

扣缴义务人名称：　　　　　　　　　　　　扣缴义务人所属行业：□一般行业　□特定行业月份申报

扣缴义务人纳税人识别号：□□□□□□□□□□□□□□□□□□　　　金额单位：人民币元（列至角分）

序号	姓名	身份证件类型	身份证件号码	所得项目	所得期间起	所得期间止	收入所属期起	收入所属期止	含税收入额	税前扣除项目				法定减除费用	税款负担方式	应纳税所得额	税率/%	速算扣除数	应纳税额
										基本养老保险费	基本医疗保险费	住房公积金	合计						
1	2	3	4	5	6	7	8	9	10	11	12	13	14	15	16	17	18	19	20

谨声明：此扣缴报告表是根据《中华人民共和国个人所得税法》及其实施条例和国家有关税收法律法规规定填写的，是真实的、完整的，可靠的。

法定代表人（负责人）签字：　　　　　　　　　　　　　　　　　　　年　　月　　日

扣缴义务人公章：

经办人：　　　　　　　　　　　　　　　　年　　月　　日

填表日期：

任务6　生产经营所得个人所得税纳税申报

5.6.1　知识背景

根据《个人所得税法》,个体工商户的生产、经营所得交纳个人所得税,适用5% ~ 35% 五级超额累进税率。全年应纳税所得额是以每一纳税年度的收入总额,减除成本、费用以及损失以后的余额。独资企业和合伙企业投资者个人的生产经营所得比照个人所得税法的"个体工商户的生产经营所得"应税项目计算缴纳个人所得税,税率如表5.31所示。

表5.31　个体工商户的生产、经营所得个人所得税税率表

级数	全年应纳税所得额		税率/%	速算扣除数
	含税级距	不含税级距		
1	不超过15 000元的	不超过14 250元的	5	0
2	超过15 000元至30 000元的部分	超过14 250元至27 750元的部分	10	750
3	超过30 000元至60 000元的部分	超过27 750元至51 750元的部分	20	3 750
4	超过60 000元至100 000元的部分	超过51 750元至79 750元的部分	30	9 750
5	超过100 000元的部分	超过79 750元的部分	35	14 750

5.6.2　任务目标

①掌握个体工商户生产、经营所得计算个人所得税的方法。
②正确填写生产经营所得个人所得税申报表。

5.6.3　任务角色

美丽星经营者甄美丽、地税局税管员。

5.6.4　任务资料

美丽星摄影工作室是一家从事摄影和影视制作的个体工商户,由于账簿健全,查账征收流转税和个人所得税,表5.32是该工作室2016年的利润表。

表 5.32　利润表

利润表

编制单位:美丽星摄影工作室　　　　　　　　　2016 年　　　　　　　　　　单位:元

项目	行次	本期金额	上期金额
一、营业收入	1	1 223 783.05	
减:营业成本	2	838 347.61	
营业税金及附加	3	69 411.84	
销售费用	4	63 955.47	
管理费用	5	183 111.45	
财务费用	6	-5 717.35	
资产减值损失	7		
加:公允价值变动收益(损失以"-"号填列)	8		略
投资收益(损失以"-"号填列)	9		
其中:对联营企业和合营企业的投资收益	10		
二、营业利润(亏损以"-"号填列)	11	74 674.03	
加:营业外收入	12	30 000.00	
减:营业外支出	13		
其中:非流动资产处置损失	14		
三、利润总额(亏损总额以"-"号填列)	15	104 674.03	
四、净利润(净亏损以"-"号填列)	16		

5.6.5　任务书

1)任务列表

如表 5.33 所示。

表 5.33　任务表

	子任务	任务描述	任务指导
(一)	申报个体工商户生产经营所得个税	1.美丽星经营者甄美丽填报个人所得税申报表。 2.地税局税管员审核美丽星填报的纳税申报表。	美丽星由于账簿健全,实行查账征税,个人所得税按账簿记载计算缴纳。

2)任务表格

生产、经营所得个人所得税纳税申报表(A 表)1 份。如表 5.34 所示。

表 5.34　生产、经营所得个人所得税纳税申报表

生产、经营所得个人所得税纳税申报表（A 表）

税款所属期：　　年　月　日至　　年　月　日　　　　　　　金额单位：人民币元

投资者信息	姓名		身份证件类型		身份证号码	
	国籍（地区）				纳税人识别号	
被投资单位信息	名称				纳税人识别号	
	征收方式	□查账征收　　□核定征收			类型	□个体工商户 □承包、承租经营者 □个人独资企业 □合伙企业

项目		行次	金额
一、本期收入总额		1	
二、本期成本费用总额		2	
三、本期利润总额		3	
四、分配利润（%）		4	
五、应纳税所得额		5	
查账征收	1. 按本期实际计算的应纳税所得额	6	
	2. 上年度应纳税所得的 1/12 或 1/4	7	
核定征收	1. 税务机关核定的应税所得率（%）	8	
	2. 税务机关认可的其他方法确定的应纳税所得额	9	
六、按上述内容换算出的全年应纳税所得额		10	
七、税率（%）		11	
八、速算扣除数		12	
九、本期预缴税额		13	
十、减免税额		14	
十一、本期实际应缴税额		15	

谨声明：此表是根据《中华人民共和国个人所得税法》及其实施条例和国家相关法律法规规定填写的，是真实的、完整的、可靠的。

纳税人签字：　　　　　年　月　日

代理申报机构（人）公章： 经办人： 经办人执业证件号码：	主管税务机关受理专用章： 受理人：
代理申报日期：　　年　月　日	受理日期：　　年　月　日

模块6　企业所得税纳税实务

企业所得税的征收方式分为查账征收和核定征收,使用的税率都为25%。征收方式由税务局决定,账证健全、符合规定的,按查账征收,不能准确核算成本费用或销售收入的,按核定方式征收。核定征收的方式有多种,主要是按销售收入核定一个比例换算成所得额,还有是按成本换算成所得额。

根据《企业所得税法》,企业应当自月份或者季度终了之日起15日内,向税务机关报送预缴企业所得税纳税申报表,预缴税款。企业应当自年度终了之日起5个月内,向税务机关报送年度企业所得税纳税申报表,并汇算清缴,结清应缴应退税款。

按照财税部门的文件,自2015年10月1日起至2017年12月31日,对年应纳税所得额在20万元到30万元(含30万元)的小型微利企业,其所得减按50%计入应纳税所得额,按20%的税率缴纳企业所得税。其中,小型微利企业是指:

(1)工业企业,年度应纳税所得额不超过30万元,从业人数不超过100人,资产总额不超过3 000万元。

(2)其他企业,年度应纳税所得额不超过30万元,从业人数不超过80人,资产总额不超过1 000万元。

任务1　查账征收企业所得税按季预缴

6.1.1　任务目标

①掌握查账征收企业所得税按季预缴所得税的申报方法。
②掌握缴纳企业所得税的账务处理。

6.1.2　任务角色

办税员、会计主管、会计、地税局税管员。

6.1.3　任务资料

雨泽公司账册健全,企业所得税采取查账征收方式按季预缴。表6.1是雨泽公司2016年10月—2016年12月的利润表。2016年1—9月已经预缴企业所得税5 009.19元。

表 6.1　利润表

利润表

编制单位:中山市雨泽服装有限公司　　　　　　2016 年 10—12 月　　　　　　单位:元

项目	行次	本期金额	本年累计
一、营业收入	1	446 845.06	1 306 755.54
减:营业成本	2	306 109.39	895 187.58
营业税金及附加	3	25 344.64	74 117.96
销售费用	4	23 352.33	68 291.65
管理费用	5	66 860.25	195 526.41
财务费用	6	−2 087.60	−6 104.99
资产减值损失	7	0.00	0.00
加:公允价值变动收益(损失以"−"号填列)	8	0.00	0.00
投资收益(损失以"−"号填列)	9	0.00	0.00
其中:对联营企业和合营企业的投资收益	10	0.00	0.00
二、营业利润(亏损以"−"号填列)	11	27 266.04	79 736.93
加:营业外收入	12	32 034.00	32 034.00
减:营业外支出	13		2 379.00
其中:非流动资产处置损失	14	0.00	0.00
三、利润总额(亏损总额以"−"号填列)	15	59 300.04	109 391.93
四、净利润(净亏损以"−"号填列)	16	0.00	0.00

6.1.4　任务书

1)任务列表

如表 6.2 所示。

表 6.2　任务表

子任务		任务描述	任务指导
(一)	计提企业所得税	1.2016 年 12 月,会计计算雨泽公司第四季度企业所得税并编制记账凭证,以利润表为附件。 2.会计主管审核会计编制的记账凭证。	预提企业所得税时不考虑纳税调整事项。
(二)	企业所得税申报	1.2017 年 1 月 10 日,办税员登录广东省电子税务局网站填报雨泽公司 2016 年度第四季度预缴企业所得税申报表。 2.地税局税管员,审核雨泽公司的申报表,对审核无误的申报表,开出电子缴税凭证传递到银行扣款。	企业所得税实行按季预缴,年度汇算清缴。

续表

子任务		任务描述	任务指导
（三）	缴纳企业所得税账务处理	1.会计根据扣税回单编制缴纳企业所得税的记账凭证。 2.会计主管,审核会计编制的记账。	

2)任务表格

《企业所得税月（季）度预缴纳税申报表》1份,电子缴税凭证1份,记账凭证2份。如表6.3～表6.6所示。

表6.3 企业所得税月（季）度预缴纳税申报表

中华人民共和国企业所得税月（季）度预缴纳税申报表（A类,2015年版）

税款所属期间: 年 月 日至 年 月 日

纳税人识别号:□□□□□□□□□□□□□□□

纳税人名称: 金额单位:人民币元(列至角分)

行次	项目	本期金额	累计金额
1	一、按照实际利润额预缴		
2	营业收入		
3	营业成本		
4	利润总额		
5	加:特定业务计算的应纳税所得额		
6	减:不征税收入和税基减免应纳税所得额(请填附表1)		
7	固定资产加速折旧(扣除)调减额(请填附表2)		
8	弥补以前年度亏损		
9	实际利润额(4行+5行−6行−7行−8行)		
10	税率(25%)		
11	应纳所得税额(9行×10行)		
12	减:减免所得税额(请填附表3)		
13	实际已预缴所得税额	—	
14	特定业务预缴(征)所得税额		
15	应补(退)所得税额(11行−12行−13行−14行)	—	
16	减:以前年度多缴在本期抵缴所得税额		
17	本月(季)实际应补(退)所得税额	—	
18	二、按照上一纳税年度应纳税所得额平均额预缴		
19	上一纳税年度应纳税所得额	—	

续表

行次	项目	本期金额	累计金额
20	本月(季)应纳税所得额(19 行×1/4 或 1/12)		
21	税率(25%)		
22	本月(季)应纳所得税额(20 行×21 行)		
23	减:减免所得税额(请填附表3)		
24	本月(季)实际应纳所得税额(22 行-23 行)		
25	三、按照税务机关确定的其他方法预缴		
26	本月(季)税务机关确定的预缴所得税额		
27	总分机构纳税人		
28	总机构 总机构分摊所得税额(15 行或 24 行或 26 行×总机构分摊预缴比例)		
29			
30	财政集中分配所得税额		
31	分支机构分摊所得税额(15 行或 24 行或 26 行×分支机构分摊比例)		
	其中:总机构独立生产经营部门应分摊所得税额		
32	分支机构 分配比例		
33	分配所得税额		

是否属于小型微利企业:	是 □ 否 □

谨声明:此纳税申报表是根据《中华人民共和国企业所得税法》《中华人民共和国企业所得税法实施条例》和国家有关税收规定填报的,是真实的、可靠的、完整的。

法定代表人(签字): 年 月 日

纳税人公章: 会计主管: 填表日期: 年 月 日	代理申报中介机构公章: 经办人: 经办人执业证件号码: 代理申报日期: 年 月 日	主管税务机关受理专用章: 受理人: 受理日期: 年 月 日

表6.4　电子缴税凭证

<table>
<tr>
<td colspan="4" align="center">电子缴税凭证</td>
</tr>
<tr>
<td colspan="2">填发日期:20170115　　　缴税日期:20170110</td>
<td colspan="2">电子交易流水号:0000011197570921</td>
</tr>
<tr>
<td colspan="2">纳税人代码:51442000570101234X</td>
<td colspan="2">征税机关:中山市地方税务局沙溪分局</td>
</tr>
<tr>
<td colspan="2">纳税人全称:中山市雨泽服装有限公司</td>
<td colspan="2">开户行:中国工商银行中山沙溪支行</td>
</tr>
<tr>
<td colspan="2">缴款账号:37000000800660000123</td>
<td colspan="2">国库</td>
</tr>
<tr>
<td align="center">税种(品目名称)</td>
<td align="center">预算科目、预算级次</td>
<td align="center">税款所属期</td>
<td align="center">实缴金额</td>
</tr>
<tr>
<td align="center">企业所得税</td>
<td></td>
<td align="center">20161001—20161231</td>
<td></td>
</tr>
<tr>
<td align="center">金额合计</td>
<td align="center">（大写）</td>
<td></td>
<td>中国工商银行中山沙溪支行
20170110
业务专用章</td>
</tr>
<tr>
<td align="center">备　注</td>
<td colspan="3"></td>
</tr>
</table>

主办:　　　　　　　复核:　　　　　　　　　　经办:

表6.5　记账凭证

记　　　账　　　凭　　　证

　　　　　年　月　日　　　　　字第　　号

<table>
<tr>
<td rowspan="2" align="center">摘要</td>
<td colspan="2" align="center">会计科目</td>
<td colspan="11" align="center">借方金额</td>
<td colspan="11" align="center">贷方金额</td>
<td rowspan="2" align="center">记账</td>
</tr>
<tr>
<td align="center">总账科目</td>
<td align="center">明细科目</td>
<td>亿</td><td>千</td><td>百</td><td>十</td><td>万</td><td>千</td><td>百</td><td>十</td><td>元</td><td>角</td><td>分</td>
<td>亿</td><td>千</td><td>百</td><td>十</td><td>万</td><td>千</td><td>百</td><td>十</td><td>元</td><td>角</td><td>分</td>
</tr>
<tr>
<td></td><td></td><td></td><td></td><td></td><td></td><td></td><td></td><td></td><td></td><td></td><td></td><td></td><td></td><td></td><td></td><td></td><td></td><td></td><td></td><td></td><td></td><td></td><td></td><td></td><td></td>
</tr>
<tr>
<td></td><td></td><td></td><td></td><td></td><td></td><td></td><td></td><td></td><td></td><td></td><td></td><td></td><td></td><td></td><td></td><td></td><td></td><td></td><td></td><td></td><td></td><td></td><td></td><td></td><td></td>
</tr>
<tr>
<td></td><td></td><td></td><td></td><td></td><td></td><td></td><td></td><td></td><td></td><td></td><td></td><td></td><td></td><td></td><td></td><td></td><td></td><td></td><td></td><td></td><td></td><td></td><td></td><td></td><td></td>
</tr>
<tr>
<td></td><td></td><td></td><td></td><td></td><td></td><td></td><td></td><td></td><td></td><td></td><td></td><td></td><td></td><td></td><td></td><td></td><td></td><td></td><td></td><td></td><td></td><td></td><td></td><td></td><td></td>
</tr>
<tr>
<td></td><td></td><td></td><td></td><td></td><td></td><td></td><td></td><td></td><td></td><td></td><td></td><td></td><td></td><td></td><td></td><td></td><td></td><td></td><td></td><td></td><td></td><td></td><td></td><td></td><td></td>
</tr>
<tr>
<td></td><td></td><td></td><td></td><td></td><td></td><td></td><td></td><td></td><td></td><td></td><td></td><td></td><td></td><td></td><td></td><td></td><td></td><td></td><td></td><td></td><td></td><td></td><td></td><td></td><td></td>
</tr>
<tr>
<td></td><td></td><td></td><td></td><td></td><td></td><td></td><td></td><td></td><td></td><td></td><td></td><td></td><td></td><td></td><td></td><td></td><td></td><td></td><td></td><td></td><td></td><td></td><td></td><td></td><td></td>
</tr>
<tr>
<td align="center">附件　　张</td>
<td colspan="2" align="center">合　计</td>
<td></td><td></td><td></td><td></td><td></td><td></td><td></td><td></td><td></td><td></td><td></td><td></td><td></td><td></td><td></td><td></td><td></td><td></td><td></td><td></td><td></td><td></td><td></td>
</tr>
</table>

会计主管　　　　　　记账　　　　　　出纳　　　　　　审核　　　　　　制证

表6.6　记账凭证

摘要	会计科目		借方金额											贷方金额											记账
	总账科目	明细科目	亿	千	百	十	万	千	百	十	元	角	分	亿	千	百	十	万	千	百	十	元	角	分	
附件　　张	合　计																								

会计主管　　　　　记账　　　　　出纳　　　　　审核　　　　　制证

任务2　核定征收企业所得税按月预缴

6.2.1　任务资料

中山市雨润食品加工有限公司(纳税人识别号51442000577654321X)是一家小型的加工企业,由于没有健全的账册,无法准确核算成本、费用,企业所得税按收入的10%核定征收。2016年1—12月,雨润公司累计销售收入108 000元,1—11月已经预缴企业所得税2 375元。

6.2.2　任务目标

①掌握核定征收企业所得税的计算方法。
②掌握核定征收企业所得税的纳税申报方法。

6.2.3　任务角色

办税员、税务局税管员。

6.2.4　任务书

1) 任务列表

如表 6.7 所示。

表 6.7　任务表

子任务	任务描述	任务指导
（一）企业所得税申报	1. 办税员登录广东省电子税务局网站填报雨润公司 2016 年 12 月企业所得税申报表。 2. 地税局税管员审核申报表,开出电子缴税凭证传递到银行扣款。	1. 企业所得税按收入的 10% 核定征收。 2. 雨润公司符合小微企业减税税收优惠政策。

2) 任务表格

中华人民共和国企业所得税月(季)度和年度纳税申报表(B 类)1 份。如表 6.8 所示。

表 6.8　纳税申报表

中华人民共和国企业所得税月(季)度和年度纳税申报表(B 类)

税款所属期间:　　　年　月　日至　　　年　月　日

纳税人识别号:□□□□□□□□□□□□□□□□□□

纳税人编码:□□□□□□□□□□□□□

纳税人名称:

金额单位:人民币元(列至角分)

项目			行次	累计金额
一、以下项目由按应税所得率计算应纳税所得额的企业填报				
应纳税所得额的计算	按收入总额核定应纳税所得额	收入总额	1	
		减:不征税收入	2	
		免税收入	3	
		应税收入额(1-2-3)	4	
		税务机关核定的应税所得率(%)	5	
		应纳税所得额(4×5)	6	
	按成本费用核定应纳税所得额	成本费用总额	7	
		税务机关核定的应税所得率(%)	8	
		应纳税所得额[7÷(1-8)×8]	9	
应纳所得税额的计算		税率(25%)	10	
		应纳所得税额(6×10 或 9×10)	11	
应补(退)所得税额的计算		减:符合条件的小型微利企业减负所得税额	12	
		其中:减半征税	13	
		已预缴所得税额	14	
		应补(退)所得税额(11-12-14)	15	

续表

二、以下由税务机关核定应纳所得税额的企业填报		
税务机关核定应纳所得税额	16	

谨声明:此纳税申报表是根据《中华人民共和国企业所得税法》《中华人民共和国企业所得税法实施条例》和国家有关税收规定填报的,是真实的、可靠的、完整的。

法定代表人(签字):　　　年　　月　　日

纳税人公章:	代理申报中介机构公章:	主管税务机关受理专用章:
	经办人:	
会计主管:	经办人执业证件号码:	受理人:
填表日期: 年 月 日	代理申报日期: 年 月 日	受理日期: 年 月 日

任务3　小微企业年终汇算清缴企业所得税

6.3.1　任务目标

①掌握小微企业年度企业所得税的税收优惠政策和计算方法。

②掌握小微企业年度企业所得税的纳税申报方法。

6.3.2　任务角色

办税员、税务局税管员。

6.3.3　任务资料

雨泽公司 2016 年度利润总额 2 698 972.89 元,资产总额 3 740 776.43 元,从业人数 43 人,属小型微利企业,享受小型微利企业税收优惠。2016 年度利润表如表 6.9 所示。

表6.9　利润表

编制单位:中山市雨泽服装有限公司　　　　　　　　　　　　　　　　单位:元

项目	行次	本年累计
一、营业收入	1	1 306 755.54
减:营业成本	2	895 187.58
营业税金及附加	3	74 117.96

续表

项目	行次	本年累计
销售费用	4	68 291.65
管理费用	5	195 526.41
财务费用	6	-6 104.99
资产减值损失	7	0.00
加:公允价值变动收益(损失以"-"号填列)	8	0.00
投资收益(损失以"-"号填列)	9	0.00
其中:对联营企业和合营企业的投资收益	10	0.00
二、营业利润(亏损以"-"号填列)	11	79 736.93
加:营业外收入	12	32 034.00
减:营业外支出	13	2 379.00
其中:非流动资产处置损失	14	0.00
三、利润总额(亏损总额以"-"号填列)	15	109 391.93
四、净利润(净亏损以"-"号填列)	16	0.00

其中,营业外收入中 15 000.00 元是政府补助,属不征税收入,17 034.00 元是处置固定资产净收益,营业外支出是工商行政罚款支出。经查,管理费用中,工资支出 80 000 元,16 000 元是福利费支出。无职工教育经费和工会经费,固定资产全是电子设备,原值 294 917.94 元,账载金额与计税基础一致,本期折旧 74 967.83 元,与税法规定一致。销售费用中本期广告费多出 15 000 元。营业收入全是销售商品收入,营业成本全是销售商品成本,无其他纳税调整事项。2016 年,已预缴所得税 10 939.19 元。

6.3.4 任务书

1)任务列表

如表 6.10 所示。

表 6.10 任务表

子任务		任务描述	任务指导
(一)	企业所得税汇算清缴申报	1.2017 年 3 月 15 日办税员登录广东省电子税务局网站填报所得税年度报表。 2.地税局税管员,审核雨泽公司的纳税申报表。	申报年度企业所得税需要考虑纳税调整事项。

2)任务表格

《中华人民共和国企业所得税年度纳税申报表(A 类)》及附表共 15 份。如表 6.11 ~ 表 6.25 所示。

表6.11 纳税申报表

中华人民共和国企业所得税年度纳税申报表(A类)

税款所属期间: 年 月 日至 年 月 日

纳税人识别号:□□□□□□□□□□□□□□□ 纳税人编码:□□□□□□□□□□□□□□

纳税人名称: 金额单位:人民币元(列至角分)

类别	行次	项目	金额
利润总额计算	1	一、营业收入(填附表1)	
	2	减:营业成本(填附表2)	
	3	营业税金及附加	
	4	销售费用(填附表2)	
	5	管理费用(填附表2)	
	6	财务费用(填附表2)	
	7	资产减值损失	
	8	加:公允价值变动损益	
	9	投资收益	
	10	二、营业利润	
	11	加:营业外收入(填附表1)	
	12	减:营业外支出(填附表2)	
	13	三、利润总额(10+11-12)	
应纳税所得额计算	14	加:纳税调整增加额(填附表3)	
	15	减:纳税调整减少额(填附表3)	
	16	其中:不征税收入	
	17	免税收入	
	18	减计收入	
	19	减、免税项目所得	
	20	加计扣除	
	21	抵扣应纳税所得额	
	22	加:境外应税所得弥补境内亏损	
	23	纳税调整后所得(13+14-15+22)	
	24	减:弥补以前年度亏损(填附表4)	
	25	应纳税所得额(23-24)	
应纳税额计算	26	税率(25%)	
	27	应纳所得额(25×26)	
	28	减:减免所得税额(填附表5)	

续表

类别	行次	项目	金额
应纳税额计算	29	减:抵免所得税额(填附表5)	
	30	应纳税额(27-28-29)	
	31	加:境外所得应纳所得税额(填附表6)	
	32	减:境外所得抵免所得税额(填附表6)	
	33	实际应纳所得税额(30+31-32)	
	34	减:本年累计实际已预缴的所得税额	
	35	其中:汇总纳税的总机构分摊预缴的税额	
	36	汇总纳税的总机构财政调库预缴的税额	
	37	汇总纳税的总机构所属分支机构分摊的预缴税额	
	38	合并纳税(母子体制)成员企业就地预缴比例	
	39	合并纳税企业就地预缴的所得税额	
	40	本年应补(退)的所得税额(33-34)	
附列资料	41	以前年度多缴的所得税额在本年抵减额	
	42	以前年度应缴未缴在本年入库所得税额	

纳税人公章: 经办人: 申报日期: 　　　　年　　月　　日	代理申报中介机构公章: 经办人及执业证件号码: 代理申报日期: 　　　年　　月　　日	主管税务机关受理专用章: 受理人: 受理日期: 　　　年　　月　　日

表 6.12　收入明细表

企业所得税年度纳税申报表附表 1

收入明细表

填报时间:　　　年　　月　　日　　　　　　　　　　金额单位:元(列至角分)

行次	项目	金额
1	一、销售(营业)收入合计(2+13)	
2	(一)营业收入合计(3+8)	
3	1.主营业务收入(4+5+6+7)	
4	(1)销售货物	
5	(2)提供劳务	
6	(3)让渡资产使用权	
7	(4)建造合同	
8	2.其他业务收入(9+10+11+12)	

续表

行次	项目	金额
9	（1）材料销售收入	
10	（2）代购代销手续费收入	
11	（3）包装物出租收入	
12	（4）其他	
13	（二）视同销售收入（14＋15＋16）	
14	1.非货币性交易视同销售收入	
15	2.货物、财产、劳务视同销售收入	
16	3.其他视同销售收入	
17	二、营业外收入（18＋19＋20＋21＋22＋23＋24＋25＋26）	
18	1.固定资产盘盈	
19	2.处置固定资产净收益	
20	3.非货币性资产交易收益	
21	4.出售无形资产收益	
22	5.罚款净收入	
23	6.债务重组收益	
24	7.政府补助收入	
25	8.捐赠收入	
26	9.其他	

经办人（签章）：　　　　　　　　　　　　　法定代表人（签章）：

表6.13　成本费用明细表
企业所得税年度纳税申报表附表2

成本费用明细表

填报时间：　　年　月　日　　　　　　　　金额单位：元（列至角分）

行次	项目	金额
1	一、销售（营业）成本合计（2＋7＋12）	
2	1.主营业务成本（3＋4＋5＋6）	
3	（1）销售货物成本	
4	（2）提供劳务成本	
5	（3）让渡资产使用权成本	
6	（4）建造合同成本	
7	2.其他业务成本（8＋9＋10＋11）	

续表

行次	项目	金额
8	（1）材料销售成本	
9	（2）代购代销费用	
10	（3）包装物出租成本	
11	（4）其他	
12	3. 视同销售成本（13＋14＋15）	
13	（1）非货币性交易视同销售成本	
14	（2）货物、财产、劳务视同销售成本	
15	（3）其他视同销售成本	
16	二、营业外支出（17＋18＋…＋24）	
17	1. 固定资产盘亏	
18	2. 处置固定资产净损失	
19	3. 出售无形资产损失	
20	4. 债务重组损失	
21	5. 罚款支出	
22	6. 非常损失	
23	7. 捐赠支出	
24	8. 其他	
25	三、期间费用（26＋27＋28）	
26	1. 销售（营业）费用	
27	2. 管理费用	
28	3. 财务费用	

经办人（签章）：　　　　　　　　　　　　　　　　　法定代表人（签章）：

表 6.14　纳税调整项目明细表

企业所得税年度纳税申报表附表 3

纳税调整项目明细表

填报时间：　　　年　　月　　日　　　　　　　　　　金额单位：元（列至角分）

	行次	项目	账载金额	税收金额	调增金额	调减金额
			1	2	3	4
	1	一、收入类调整项目	*	*		
	2	1. 视同销售收入（填写附表1）	*	*		*
#	3	2. 接受捐赠收入	*			*

续表

	行次	项目	账载金额	税收金额	调增金额	调减金额
			1	2	3	4
	4	3. 不符合税收规定的销售折扣和折让				*
*	5	4. 未按权责发生制原则确认的收入				
*	6	5. 按权益法核算长期股权投资对初始投资成本调整确认收益	*	*	*	
	7	6. 按权益法核算的长期股权投资持有期间的投资损益	*	*		
*	8	7. 特殊重组				
*	9	8. 一般重组				
*	10	9. 公允价值变动净收益(填写附表7)	*	*		
	11	10. 确认为递延收益的政府补助				
	12	11. 境外应税所得(填写附表6)	*	*	*	
	13	12. 不允许扣除的境外投资损失	*	*		*
	14	13. 不征税收入(填附表1[3])	*	*	*	
	15	14. 免税收入(填附表5)	*	*	*	
	16	15. 减计收入(填附表5)	*	*	*	
	17	16. 减、免税项目所得(填附表5)	*	*	*	
	18	17. 抵扣应纳税所得额(填附表5)	*	*	*	
	19	18. 其他				
	20	二、扣除类调整项目	*	*		
	21	1. 视同销售成本	*	*	*	
	22	2. 工资薪金支出				
	23	3. 职工福利费支出				
	24	4. 职工教育经费支出				
	25	5. 工会经费支出				
	26	6. 业务招待费支出				*
	27	7. 广告费和业务宣传费支出(填写附表8)	*	*		
	28	8. 捐赠支出				*
	29	9. 利息支出				*
	30	10. 住房公积金				*
	31	11. 罚金、罚款和被没收财物的损失		*		*

续表

行次	项目	账载金额	税收金额	调增金额	调减金额
		1	2	3	4
32	12. 税收滞纳金		＊		＊
33	13. 赞助支出		＊		＊
34	14. 各类基本社会保障性缴款				
35	15. 补充养老保险、补充医疗保险				
36	16. 与未实现融资收益相关在当期确认的财务费用				
37	17. 与取得收入无关的支出		＊		＊
38	18. 不征税收入用于支出所形成的费用		＊		＊
39	19. 加计扣除（填附表5）	＊	＊	＊	
40	20. 其他				
41	三、资产类调整项目	＊	＊		
42	1. 财产损失				
43	2. 固定资产折旧（填写附表9）	＊	＊		
44	3. 生产性生物资产折旧（填写附表9）	＊	＊		
45	4. 长期待摊费用的摊销（填写附表9）	＊	＊		
46	5. 无形资产摊销（填写附表9）	＊	＊		
47	6. 投资转让、处置所得（填写附表11）	＊	＊		
48	7. 油气勘探投资（填写附表9）				
49	8. 油气开发投资（填写附表9）				
50	9. 其他				
51	四、准备金调整项目（填写附表10）	＊	＊		
52	五、房地产企业预售收入计算的预计利润	＊	＊		
53	六、特别纳税调整应税所得	＊	＊		＊
54	七、其他	＊	＊		
55	合　计	＊	＊		

注：1. 标有＊或#的行次，纳税人分别按照适用的国家统一会计制度填报。

2. 没有标注的行次，无论执行何种会计核算办法，有差异就填报相应行次，填＊号不可填列。

3. 有二级附表的项目只填调增、调减金额，账载金额、税收金额不再填写。

　经办人（签章）：　　　　　　　　　　　法定代表人（签章）：

表6.15　企业所得税弥补亏损明细表

企业所得税年度纳税申报表附表4

企业所得税弥补亏损明细表

填报时间：　　年　　月　　日　　　　　　　　　　金额单位:元(列至角分)

行次	项目	年度	盈利额或亏损额	合并分立企业转入可弥补亏损额	当年可弥补的所得额	以前年度亏损弥补额					本年度实际弥补的以前年度亏损额	可结转以后年度弥补的亏损额
						前四年度	前三年度	前二年度	前一年度	合计		
		1	2	3	4	5	6	7	8	9	10	11
1	第一年											*
2	第二年					*						
3	第三年					*	*					
4	第四年					*	*	*				
5	第五年					*	*	*	*			
6	本年					*	*	*	*	*		
7	可结转以后年度弥补的亏损额合计											

经办人(签章)：　　　　　　　　　　　　　　　　　法定代表人(签章)：

表6.16　税收优惠明细表

企业所得税年度纳税申报表附表5

税收优惠明细表

行次	项目	金额
1	一、免税收入(2+3+4+5)	
2	1.国债利息收入	
3	2.符合条件的居民企业之间的股息、红利等权益性投资收益	
4	3.符合条件的非营利性组织的收入	
5	4.其他	
6	二、减计收入(7+8)	
7	1.企业综合利用资源,生产符合国家产业政策规定的产品所取得的收入	
8	2.其他	

续表

行次	项目	金额
9	三、加计扣除额合计(10+11+12+13)	
10	1.开发新技术、新产品、新工艺发生的研究开发费用	
11	2.安置残疾人员所支付的工资	
12	3.国家鼓励安置的其他就业人员支付的工资	
13	4.其他	
14	四、减免所得额合计(15+25+29+30+31+32)	
15	1.免税所得(16+17+…+24)	
16	(1)蔬菜、谷物、薯类、油料、豆类、棉花、麻类、糖料、水果、坚果的种植	
17	(2)农作物新品种的选育	
18	(3)中药材的种植	
19	(4)林木的培育和种植	
20	(5)牲畜、家畜的饲养	
21	(6)林产品的采集	
22	(7)灌溉、农产品初加工、兽医、农产品推广、农机作业和维修等农、林、牧、渔服务业项目	
23	(8)远洋捕捞	
24	(9)其他	
25	2.减税所得(26+27+28)	
26	(1)花卉、茶以及其他饮料作物和香料作物的种植	
27	(2)海水养殖、内陆养殖	
28	(3)其他	
29	3.从事国家重点扶持的公共基础设施项目投资经营的所得	
30	4.从事符合条件的环境保护、节能节水项目所得	
31	5.符合条件的技术转让所得	
32	6.其他	
33	五、减免税合计(34+35+36+37+38)	
34	1.符合条件的小型微利企业	
35	2.国家需要重点扶持的高新技术企业	
36	3.民族自治地方的企业应缴纳的企业所得税中属于地方分享的部分	
37	4.过渡期税收优惠	
38	5.其他	

续表

行次	项目	金额
39	六、创业投资企业抵扣的应纳税所得额	
40	七、抵免所得税额合计(41 + 42 + 43 + 44)	
41	1.企业购置用于环境保护专用设备的投资额抵免的税额	
42	2.企业购置用于节能节水专用设备的投资额抵免的税额	
43	3.企业购置用于安全生产专用设备的投资额抵免的税额	
44	4.其他	
45	企业从业人数(全年平均人数)	
46	资产总额(全年平均数)	
47	所属行业(工业企业或其他企业)	

填报时间:　　年　　月　　日　　　　　　　　　　　　金额单位:元(列至角分)

经办人(签章):　　　　　　　　　　　　　　　　法定代表人(签章):

表6.17 境外所得税税抵免计算明细表

企业所得税年度纳税申报表附表6

境外所得税抵免计算明细表

填报时间： 年 月 日

金额单位：元（列至角分）

抵免方式	国家或地区	境外所得	境外所得换算含税所得	弥补以前年度亏损	免税所得	弥补亏损前境外应纳税所得额	可弥补境内亏损	境外应纳税所得额	税率	境外所得应纳税额	境外所得可抵免税额	境外所得税款抵免限额	本年可抵免的境外所得税款	未超过境外所得税款抵免限额的余额	本年可抵免以前年度所得税额	前五年境外所得已缴税款未抵免余额	定率抵免
	1	2	3	4	5	6(3-4-5)	7	8(6-7)	9	10(8×9)	11	12	13	14(12-13)	15	16	17
直接抵免																	
				*	*									*	*		
间接抵免				*	*									*	*	*	
				*	*									*	*	*	
				*	*									*	*	*	
合计																	

经办人（签章）： 法定代表人（签章）：

表6.18 以公允价值计量资产纳税调整表

企业所得税年度纳税申报表附表7

以公允价值计量资产纳税调整表

填报时间: 年 月 日

金额单位:元(列至角分)

行次	资产种类	期初金额		期末金额		纳税调整额(纳税调减以"-"表示)
		账载金额(公允价值)	计税基础	账载金额(公允价值)	计税基础	
		1	2	3	4	5
1	一、公允价值计量且变动计入当期损益的金融资产					
2	1.交易性金融资产					
3	2.衍生金融工具					
4	3.其他以公允价值计量的金融资产					
5	二、公允价值计量且其变动计入当期损益的金融负债					
6	1.交易性金融负债					
7	2.衍生金融工具					
8	3.其他以公允价值计量的金融负债					
9	三、投资性房地产					
10	合计					

经办人(签章):

法定代表人(签章):

表 6.19　广告费和业务宣传费跨年度纳税调整表

企业所得税年度纳税申报表附表 8

广告费和业务宣传费跨年度纳税调整表

填报时间：　　年　　月　　日

金额单位：元（列至角分）

行次	项目	金额
1	本年度广告费和业务宣传费支出	
2	其中：不允许扣除的广告费和业务宣传费支出	
3	本年度符合条件的广告费和业务宣传费支出（1−2）	
4	本年计算广告费和业务宣传费扣除限额的销售（营业）收入	
5	税收规定的扣除率	
6	本年广告费和业务宣传费扣除限额（4×5）	
7	本年广告费和业务宣传费支出纳税调整额（3≤6,本行＝2 行;3＞6,本行＝1−6）	
8	本年结转以后年度扣除额（3＞6,本行＝3−6;3≤6,本行＝0 行）	
9	加：以前年度累计结转扣除额	
10	减：本年扣除的以前年度结转额	
11	累计结转以后年度扣除额（8＋9−10）	

经办人（签章）：

法定代表人（签章）：

表6.20　资产折旧、摊销纳税调整明细表

企业所得税年度纳税申报表附表9

资产折旧、摊销纳税调整明细表

填报日期：　年　月　日

金额单位:元(列至角分)

行次	资产类别	资产原值		折旧、摊销年限		本期折旧、摊销额		纳税调整额
		账载金额	计税基础	合计	税收	合计	税收	
		1	2	3	4	5	6	7
1	一、固定资产							
2	1.房屋建筑物			*	*			
3	2.飞机、火车、轮船、机器、机械和其他生产设备							
4	3.与生产经营有关的器具、工具、家具							
5	4.飞机、火车、轮船以外的运输工具							
6	5.电子设备							
7	二、生产性生物资产			*	*			
8	1.林木类							
9	2.畜类							
10	三、长期待摊费用			*	*			
11	1.已足额提取折旧的固定资产的改建支出							
12	2.租入固定资产的改建支出							
13	3.固定资产大维修支出							
14	4.其他长期待摊费用							
15	四、无形资产							
16	五、油气勘探投资							
17	六、油气开发投资							
18	合计：			*	*			

经办人(签章)：

法定代表人(签章)：

表 6.21　资产减值准备项目调整明细表

企业所得税年度纳税申报表附表 10

资产减值准备项目调整明细表

填表日期：　年　月　日

金额单位：元（列至角分）

行次	准备金类别	期初余额	本期转回额	本期计提额	期末余额	纳税调整额
		1	2	3	4	5
1	坏（呆）账准备					
2	存货跌价准备					
3	＊其中：消耗性生物资产减值准备					
4	＊持有至到期投资减值准备					
5	＊可供出售金融资产减值		—			
6	#短期投资跌价准备					
7	长期股权投资减值准备					
8	＊投资性房地产减值准备					
9	固定资产减值准备					
10	在建工程（工程物资）减值准备					
11	＊生产性生物资产减值准备					
12	无形资产减值准备					
13	商誉减值准备					
14	贷款损失准备					
15	矿区权益减值					
16	其他					
17	合计					

注：标有＊或#的行次，纳税人分别按照适用的国家统一会计制度填报。

经办人（签章）：

法定代表人（签章）：

表6.22 长期股权投资所得（损失）明细表

企业所得税年度纳税申报表附表11

长期股权投资所得（损失）明细表

填报时间： 年 月 日

金额单位：元（列至角分）

行次	被投资企业	期初投资额	本年度增（减）投资额	投资成本		股息红利					投资转让所得（损失）					
				初始投资成本	权益法核算对初始投资成本调整产生的收益	会计核算投资收益	会计投资损益	税收确认的股息红利			会计与税收的差异	投资转让净收入	投资转让的会计成本	投资转让的税收成本	会计上确认的转让所得或损失	按税收计算的投资转让所得或损失	会计与税收的差异
								免税收入	全额征税收入						
	1	2	3	4	5	6(7＋14)	7	8	9	10(7－8－9)	11	12	13	14(11－12)	15(11－13)	16(14－15)
1																
2																
3																
合计																

投资损失补充资料

行次	项目	年度	当年度结转金额	已弥补金额	本年度弥补金额	结转以后年度待弥补金额
1	第一年					
2	第二年					
3	第三年					
4	第四年					
5	第五年					
以前年度结转在本年度税前扣除的股权投资转让损失						

备注：

经办人（签章）：

法定代表人（签章）：

表 6.23 企业所得税其他优惠明细表

企业所得税年度纳税申报表附表 12

企业所得税其他优惠明细表

填报时间： 年 月 日

金额单位：元（列至角分）

行次	项目	金额
1	合计	
2	（一）软件生产企业、集成电路企业	
3	（二）转制科研机构	
4	（三）文化事业单位转制	
5	（四）生产和装配伤残人员专门用品企业	
6	（五）下岗失业人员再就业	
7	（六）监狱、劳教企业	
8	（七）享受"两免三减半"的生产性外商投资企业	
9	（八）享受"五免三减半"的港口码头外商投资企业	
10	（九）追加投资单独享受所得税定期减免优惠的外商投资企业	
11	（十）享受延长三年减半征收企业所得税优惠的先进技术外商投资企业	
12	（十一）享受减按 15% 税率征收企业所得税的能源、交通、港口、码头外商投资企业	
13	（十二）享受"外商投资在 3 000 万美元以上，回收投资时间长的项目"优惠，减按 15% 税率征收企业所得税的外商投资企业	
14	（十三）新办文化企业	
15	（十四）经济特区新设立高新技术企业优惠政策	
16	（十五）打捞单位免征企业所得税	
17	（十六）技术先进服务型社会	
18	（十七）CDM 项目实施企业	

经办人（签章）： 法定代表人（签章）：

表 6.24　职工教育经费支出跨年度纳税调整表

企业所得税年度纳税申报表附表 13

职工教育经费支出跨年度纳税调整表

填报时间：　　年　　月　　日

金额单位：元（列至角分）

行次	项目	金额
1	本年度计入成本费用的职工教育经费	
2	2007 年及以前年度累计计提但尚未实际使用的职工教育费余额	
3	本年职工教育经费支出	
4	本年职工教育经费支出额冲减 2007 年及以前年度累计计提但尚未实际使用的职工教育经费（2≥3，本行 = 3 行；当 2＜3，本行 = 2 行）	
5	本年可计算税前扣除的职工教育经费支出额（本行 = 3 − 4）	
6	本年计算职工教育经费税前扣除限额的工资薪金总额	
7	税前扣除比例	
8	本年职工教育经费支出扣除限额（6×7）	
9	本年职工教育经费税前扣除额（5≥8，本行 = 8 行；5＜8，本行 = 5 行）	
10	本年结转以后年度扣除额（5≥9，本行 = 5 − 9；5＜9，本行 = 0）	
11	加：以前年度累计结转扣除额	
12	减：本年扣除的以前年度结转额（8 − 9≥11，本行 = 11 行；8 − 9＜11，本行 = 8 − 9 行）	
13	本年职工教育经费支出纳税调整额（本行 = 1 − 9 − 12）	
14	累计结转以后年度扣除额（本行 = 10 + 11 − 12）	
15	结转以后年度处理的 2007 年及以前年度累计计提但尚未实际使用的职工教育经费余额（本行 = 2 − 4 行）	

经办人（签章）：

法定代表人（签章）：

表 6.25　职工福利费支出纳税调整表

企业所得税年度纳税申报表附表 14

职工福利费支出纳税调整表

填报时间：　年　月　日

金额单位：元（列至角分）

行次	项目	金额
1	本年度计入成本费用的职工福利费	
2	2007 年及以前年度累计计提但尚未实际使用的职工福利费余额	
3	本年职工福利费支出额	
4	本年职工福利费支出额冲减 2007 年及以前年度累计计提但尚未实际使用的职工福利费（2≥3，本行=3 行；当 2<3，本行=2 行）	
5	本年可计算扣除的职工福利费支出额（本行=3－4）	
6	本年计算职工福利费扣除限额的工资薪金总额	
7	税前扣除比例	
8	本年职工福利费支出扣除限额（6×7）	
9	本年职工福利费税前扣除额（5＞8 行，本行=8 行；5≤8，本行=5 行）	
10	本年改变 2007 年以前及以前年度累计计提但尚未实际使用的职工福利费余额用途支出	
11	本年职工福利费支出纳税调整额（本行=1－9＋10）	
12	结转以后年度处理的 2007 年及以前年度累计计提但尚未实际适用的职工福利费余额（2－4 行）	

经办人（签章）：

法定代表人（签章）：

参考文献 REFERENCES

［1］广东省增值税一般纳税人申报指引
［2］广东省增值税小规模纳税人申报指引
［3］中华人民共和国公司登记管理条例(2016 年修正)
［4］税务登记管理办法(2014 年修订)
［5］中华人民共和国发票管理办法实施细则(2014 年修订)
［6］中华人民共和国增值税暂行条例实施细则(2017 年最新)
［7］中华人民共和国个人所得税法
［8］个体工商户条例
［9］企业所得税法